Gerhard Mell

# Mein Name ist Borderline

Die Story

Wiesenburg Verlag

Ein Titeldatensatz für diese Publikation ist bei
Der Deutschen Bibliothek erhältlich.

Wiesenburg Verlag, Postfach 4410, 97412 Schweinfurt
www.wiesenburgverlag.de

Zweite Auflage 2005
Druck: Digital Druck AG, Birkach

ISBN 3-932497-17-3

"Ich verstehe nicht, daß ein so kräftiger junger Mann wie Sie nicht arbeitet", urteilte die Vertrauensärztin des Arbeitsamtes in W. in strengem Ton.
"Ich bin einer, der sich in das rettet, was ihn zerstört", war meine Antwort.
Sie verstand weder den Satz noch mich. Wie auch! Innendrin bin ich gefroren, bin Eis. Innen gefrorene Banane und außen runzlige Babygreisenhaut, eingewickelt in eine Wolldecke. Vater hält mich über die Küchenhexe, taut mich auf. Eiszapfen in der Wohnung, in der ich geboren bin. Eiszapfen in der Küche. Kälte ist nicht nur Erinnerung.
Meine früheste Erinnerung, in diesem Leben, heißt Banane. Meine Mutter hielt mich auf dem Arm, auf dem Marktplatz in S., und eine Marktfrau reichte mir dieses erste mir bewußte Geschenk. Eine Banane. Das war im Jahr 1956. Ich war ein halbes Jahr alt. Ich weiß nicht, ob sich kleine Kinder dieses Alters freuen können. Noch heute reicht ein Bissen Banane, um mich gänzlich auszufüllen. Banane, in alle Körperöffnungen gepreßt, spannt die Haut von innen, bringt sie fast zum Platzen.
Banane steht für westliche Perversion, wie Kinderpornos, Kiwi und Mango, gescheuerte Gehwege und die Wiedereinführung des schulischen Pflichtgebetes. In Deutschland scheint alles so dicht beieinander zu liegen, in fließendem Übergang: Waffenhandel und Spritzgebäck, Goethe und Strafarbeit, Auschwitz und Demokratie, Vergehen und Freispruch, versteckte Kinderarbeit und Freiheit, Schrei und Erklärung, Hunger und Geldüberweisung.
Die Grenzen verschwimmen. Ich kann nicht mehr sagen, wann alles begann. Vielleicht bin ich so geboren, als Spiel erdacht, als Spieler und Spiel, gleich den Narren, die erkennen, deren Kraft jedoch nicht reicht, das Erkannte auszusprechen. Es könnte die Welt aus den Angeln heben. Angel. Engel. Dämonen.

So bleiben für die Narren nur die Zwischenräume. Sie sind die Grenzgänger zwischen Wahn und Wirklichkeit. Tanzen auf einem Drahtseil, hoch über dem Alltag.
Sollte ich das der Vertrauensärztin erzählen?!
Herbst war die Zeit der Märchen, die Zeit des gefrorenen Kindes. Im Morgennebel flüsterten die Gespenster, die mich in den Tag hinein begleiteten. Ich entwarf Eisblumen auf dem Papier und ahnte andere Wahrheiten, als diese hier, in der Wohnküche, neben dem Herd.
Vater saß auf einem Küchenstuhl, vor sich die leere Tischplatte, auf die ich mir Käfer dachte, Lurche und Steine und wildes Wasser.
Vaters Blick war nach innen gerichtet. Er hörte auf die Stimme seiner Mutter, deren Leiche er vor vielen, vielen Jahren mit einer langen Stange in einem Teich gesucht und gefunden hatte. Immer im Herbst kam die Mutter und forderte ihren Sohn, meinen Vater. Wenn es schlimmer wurde, rannte er mit dem Kopf gegen die Wand, zertrümmerte im Schmerz, was er zu fassen bekam, Teller und Tassen, den Tisch, den Küchenschrank. Er riß die Gardinen von der Leiste, schlitzte mit einem Messer die Tapete an den Wänden, und schrie, wie kein Mensch schreit.
Ich stand still dabei. Mich nahm er nicht wahr. Ich stand in einem Bannkreis, äußerlich nicht verletzbar. Aber ich war mehr als nur ein Zuschauer. Auch als sie Vater in einer Zwangsjacke fesselten und fortschafften, war es mein Blut auf dem Küchenfußboden, war es mein Schrei, der in der Straße verhallte.
Jetzt ist Vater tot. Heute ist es meine Geschichte, die Geschichte von einem, der eher früh schon sein Leben spielte, ohne zu wissen, wer es ihm aufgab, wer es ihm aufgibt, außer vielleicht der Spieler selbst, aus Angst vor der schrecklichen Illusion der Alltagsbilder, aus Furcht, die andere Seite zu verlieren. So halte ich mich auf dem

Drahtseil, tanze im Zwischenraum, der sogar benannt ist, lokalisiert, und als Borderline-Syndrom durch die psychiatrischen Fachbücher geistert. Wenn ich mich in der Verlegenheit stiller Stunden also frage, wer ich bin, kann ich mir mit "Borderliner" antworten, was nicht einem Zustand, sondern mir entspricht. Ich bin es, also bin ich. Wäre ich es nicht, existierte ich nicht. Dann wäre ich auf der anderen Seite, auf der Seite meines Vaters, auf der Seite seiner Mutter, die sich im Teich ertränkt hat, und die ihn zu sich gerufen hat, wie es so viele Mütter tun, im Tode und im Leben. Mütter, die ein Loch in sich füllen wollen, die in ihren Söhnen einen Teil ihrer selbst schwinden sehen, ihre Ängste in Auflösung betrachten, diese Ängste, die sie am Leben erhalten. Diese Mütter opfern ihre Söhne der trügerischen Illusion, über den Tod hinaus Mutter und ganz zu sein. Alles Schmutzige wird in die Söhne projiziert, dort neutralisiert, nur, daß diese Mütter wieder rein vor ihrem Vater stehen können. Und ihr Gott nimmt sie von hinten.
Das Spiel ist die Frucht. Ein auswegloses Spiel, das sich längst verselbständigt hat, aus eigenen Impulsen lebt, ein eigenes Wesen, mit eigenem Willen. Ein Dämon, der sich aus sich selbst nährt. Ein Bananenengel auf Eis. Eine Krankheit, die zum Leben reicht. Ein Lebensspiel. Ein Selbst. Die Grenzen verschwimmen, daß mir schwindelt. Mittendrin.

Rote Pillen und blaue Kapseln, Beruhigungsmittel, Schmerzmittel, Neuroleptika, Stimmungsmacher liegen griffbereit im Schrank. Ein großer Vorrat für schlechte Zeiten. Meine Würfel. Vitamine und Blocker und Zocker und Verschleißer und Verschweißer und Verscheißer. Utensilien zum Spiel im Spiel. Sie gehören in den Tag, auch dann, wenn ich unbeobachtet bin. Aber wann bin ich das, wo ich mich in jeder Minute kontrolliere, die Matrix prüfe, diese Persönlichkeit am

Tropf erhalte, oder sie mich, oder wir uns, immer schon, in täglicher und träglicher Symbiose.

Leben hier scheint wirklich gelebte Zeit. Wir müssen aufpassen, da wir in der Zeit verschwinden, da es die Zeit für uns nicht gibt, in den Zwischenräumen. Vergangenheit und Zukunft verschwimmen ineinander, wie Aquarellfarben, und die Ahnen sitzen mit am Tisch und fordern die Enkel, die ich ihnen verweigere. Diesen Streich spielte ich ihnen. Bewußt, bewußt, bewußt! Hier wird die Kette enden.

Lüge ist wie die Wahrheit. Ohne Lüge kein Leben, keine Energie. Ohne Lebenslüge bricht das System zusammen. Das Spiel würde sich auflösen, der Mensch im Nebel verschwinden. Im Herbst enden. Enden dort, wo alles begann. In der bloßen Beobachtung.

Ich befinde mich in einem düsteren Gewölbe, einer nach Urin und Kot stinkenden Höhle, an deren Wänden Fettklumpen kleben. Ich bin nackt, stehe im Zentrum dieser Unterweltkathedrale, nackt und frierend auf einer riesigen Steinplatte, einem Opferaltar. Meine Sinne sind gespannt. Ich nehme mich überdeutlich wahr. Ohne Zweifel befinde ich mich im Erdinnern, doch auch wie Jonas im Bauch des Wales, und weiß doch, daß es mein eigenes, archaisches Innen ist, ohne zu begreifen, was vor sich geht. Eben noch saß ich in meinem Zimmer, dachte über die Funktion und den Sinn des Schlafes nach und kam zu dem Schluß, daß der Schlaf denen zur Hilfe kommt, die nie bereit sind, den Abstieg in die eigenen Tiefen freiwillig zu wagen. Schlaf befreit für andere Wahrheiten, ist Zeittunnel, Transportweg, hin zu anderen Orten der Existenz. Dazwischen sind Träume, sind Schalldämpfer, Schutzzonen für Menschen, die die Erfahrungen ihrer Seelen nicht schutzlos ertragen können.

Ich höre Schritte, ein barfüßiges Tappen durch klebrige Pfützen. Ein Kreis schattenhafter Gestalten schließt sich um den Altar. Verwesungsgestank brennt in meiner Nase. Alle meine Sinne funktionieren wie immer, sogar schärfer, und ich spüre eine sehr lebendige Angst, weniger vor den ausgemergelten Gestalten, als vielmehr vor mir selbst. Ich stehe starr. Ohne meine Position zu verändern, kann ich unter ihre Haut schlüpfen, bewege mich im Fluidum der Untoten. Ich spüre ihr Verlangen, mich gänzlich einzuverleiben. Diese Wesen sind mir nicht nur ähnlich. Ich bin ein Teil von ihnen.

Etwas abseits, hinter dem Kreis meiner Ahnen „...und Selbste,...", sitzt in einer Ecke ein Kind, die Hände und Füße mit zerlumpten Filzstreifen gefesselt und eine Binde vor den Augen. Meine Sehnsucht zielt auf dieses Kind, und eine unsägliche Trauer bemächtigt sich meiner. Ein wunderbarer leiser Gesang dringt durch meine Stirn, in meinen Körper, und wandelt sich in meinem Herzen zu unermeßlicher Wut, die sich ein Ventil durch meinen jetzt großen und pulsierenden Penis sucht. Ich bin zum Töten geil.

Die Gestalten nähern sich. Ihre fledderige Haut strafft sich, wird prall und jung, und ich erkenne die jugendlichen Körper meiner Großmütter, deren Großmütter, und die Mütter dieser Mütter. Töchter und Mütter besteigen den Altar und bilden wollüstig ein Mandala, deren Stern ich bin. Sie bieten mir ihre saftigen Mösen dar, bieten sich an, meine Wut aufzunehmen, fordern mich auf, mich in sie zu ergießen, den Gesang des Kindes als pure Lust in ihren Kreislauf einzuspritzen. Ein großer alter Fluch liegt über dem Geschehen.

Plötzlich befinde ich mich wieder in meinem Zimmer. Auf dem Gasherd verkocht das Teewasser. Vor mir, auf dem Fußboden, kniet B. Ihr Gesicht berührt den Teppich, ihren nackten Arsch streckt sie mir entgegen und sie winselt: "Schlag mich! Bitte schlag mich! Komm! Nimm den Holzlöffel aus der Küche und schlag mich." Und obwohl B. mich vor zehn Jahren verlassen hat, um mit einem anderen Mann ein Kind zu haben, liegt sie jetzt hier vor mir, will geschlagen werden, während in der Küche das Teewasser verdampft, und ich gerade noch auf dem Unterweltaltar stand. Ich schämte mich meiner und der schwarzen SS-Uniform, die ich jetzt trug, obwohl die Scham hätte auf ihrer Seite sein müssen, denn sie war Jüdin und hatte dieses Spiel angefacht. Und ich wußte, daß sie es tat, weil ihre Ahnen es von ihr forderten, und schämte mich noch mehr, schämte mich, da ich einen festen Platz in diesem Spiel hatte zugewiesen bekommen, einen Platz, der mir zustand, da ich das gefesselte Kind nicht hatte retten können. Der zarte Gesang des Kindes lag über allem, und B. forderte mich weiterhin, nun energischer, auf, sie mit einem Holzlöffel zu schlagen. Ich riß mir die SS-Uniform vom Leib und steckte ihr meinen Schwanz in den Arsch und schrie sie an: "Wie konntest du nur? Wie konntest du nur die Farbe wieder von der Klotür waschen! Wie konntest du dich so erniedrigen!" Indem ich heftig in sie hineinstieß, kamen mir die Bilder wieder, das Hakenkreuz, das unser Nachbar, damals in Berlin, als wir noch zusammenlebten, mit weißer Farbe an die Tür des Außenklos im Parterre geschmiert hatte. Das Wort "Jude" daneben. Und ich hatte die Schmiererei überpinselt, dick, mit weißer Farbe. Ein dicker Farbkreis auf der schmutzigen, braunen Klotür. Und der Nachbar hatte sich beschwert, ausgerechnet bei B. beschwert. Ich seh' sie noch, mit einem Lappen in der Hand die frische Farbe entfernen, bis darunter wieder das Hakenkreuz und das Wort "Jude" sichtbar wurden. Ich verstehe sie nicht, bin hilflos und höre nur: "Das macht mir nichts aus." Und als ich ihr den Lappen entreißen will, falle ich vornüber. Unter mir steckt meine

verklebte Bettdecke. Bauch und Schenkel schweißnaß. Mein schlaffes Glied schmerzt und blutet. Überall Wasserdampf im Zimmer.
Mein Psychoanalytiker ist im Urlaub.
Ich bin immer im Urlaub, im Ur-Laub, im Herbst, im Ur-Herbst. Chagall brennt mir Farbe auf's Eisherz. Das Bild an der Wand heißt "Die Liebenden." Sie fliegen. Licht. Erde. Himmel. Eins.
Ich schleppe mich zum Schrank, habe Schmerzen in den Lenden. Ein Beil spaltet mir den Schädel, und irgendwo hinter den Gardinen lästern die Dämonen: "Bananenherz! Bananenbrei! Wir sind hier! Du bist nicht frei!"
Ich wühle im Schrank, zwischen den Schachteln und Tablettenröhrchen, und kann nichts Brauchbares finden.
Johanniskrautkapseln. Vitamin-B-Komplex. Melleril. Paracetamol. Schlaftabletten. 1000 Salben. Kawa-Kawa. Septacord. Luvased. Morgenration. Mittagsration. Abendration. Nachtration. Zwischendurchration. Aber den Hammer, den ich jetzt benötige, finde ich natürlich nicht. Und damit, als ich für den Moment kapiere, daß mir ohnehin nicht zu helfen ist, läßt der Schmerz nach, der Luftballon im Kopf schrumpelt zusammen, und ich denke ganz klare Gedanken.
Wenn die Welt - Pardon! die Erde - sowieso in absehbarer Zeit untergeht, sollte ich die Symptome vielleicht gar nicht mehr bekämpfen, sondern mich in Konsequenz hingeben. Wozu sollen Angst vor Menschen auf der Straße, vor Autos auf Kreuzungen, vor Kindern in Gruppen, Fingertremor, Zittern des linken Augenlides, Waden- und Seitenkrämpfe, Magenschmerzen, Gastritis, Herzjagen, zusammengequetschtes Solar-Plexus-Gefühl, allgemeine Auflösungserscheinungen, Zwangshandlungen wie das wiederholte Abzählen von Fensterreihen, Kugel-im-Kopf-Gefühl, Migräne, Stimmen von Verstorbenen, der flüsternde traurige Dichter in mir etc. etc. noch gut sein?! Wozu abschaffen?!

Vielleicht Spaß daran, damit finden... Im Chaos suhlen, wie eine Sau im Schlamm! Hingeben, um zu sehen, ob alles bleibt, oder noch schlimmer wird... Keine Pillen mehr. Keine Arztbesuche. Keine endlose Wiederholung der immer gleichen Geschichten, mit nur leicht abweichenden Variationen.
Vielleicht sollte ich die jeweilige Ration zur Einnahmezeit ganz einfach ins Klo schmeißen und runterspülen und mir dabei denken, ich habe sie eingenommen. Macht es einen Unterschied, wo sowieso alles erdacht ist?
Aber sicher bin ich mir nicht. Schließlich dachte ich als Vierzehnjähriger auch, daß ich niemals Kinder haben werde, und fünfundzwanzig Jahre später habe ich wirklich keine. Und ich wundere mich nicht. Es hat seine Richtigkeit. Und wenn ich die Schule schwänzen wollte, habe ich mir Bauchschmerzen ausgedacht, geschummelt, gemogelt, und Bauchschmerzen bekommen. Heftige Bauchschmerzen. Nur mit der Kraft der Gedanken. Einbildung, sagen manche Leute.
Nebenan in der Wohnung röhrt eine Bohrmaschine. Eine eingebildete? Ich denke mir einfach das störende Geräusch fort - und habe Ruhe! Aller Anfang ist schwer. Besonders andersherum.
Ich bin oft an der Schule vorübergegangen, habe manchmal noch die Schultasche hinter den Mülleimern versteckt, und bin durch die Aue zum Ludwigstein gewandert. Zwei Stunden Weg, hinauf zu der alten Burg, von der man sich erzählt, sie sei in einer Nacht gebaut worden, versteckt hinter hohen Tannen. Dort saß ich dann stundenlang auf einem Findling und äffte die steinerne Fratze nach, die an der Burgmauer ihre Zunge hinüber zur Burg Hanstein ausstreckte, über die Zonengrenze hinweg, wie man die Staatsgrenze der DDR, die Demarkationslinie hier allgemein nannte. Ich sah mich als Ritter, als Held, der die Salzstraße, oder was immer das auch

für eine Straße entlang der Werra war, bewachte, und die Kaufleute vor den Raubrittern, den Hansteinern, beschützte. Oder ich war Raubritter. Schuleschwänzen hat meine Phantasie angeregt.
Aber nicht nur wegen der Freiheit im Kopf bin ich immer wieder dem Unterricht ferngeblieben. Ich konnte gar nicht anders, wurde oft noch direkt vor dem Schultor, bevor das Glockenzeichen erklang, von einem Unsichtbaren an den Schultern gepackt und fortgeschoben. Sogar mitten im Unterricht stand ich auf, teilte dem Lehrer und der Klasse freundlich und bestimmt mit, daß ich gehen müsse, da ich momentan den Sinn der Veranstaltung anzweifele. Da war Staunen und Gelächter; da blieb ein hilfloser Lehrer zurück. Manchmal blickten sie mir durch die Fenster nach, und ihre Blicke stachen mir in den Rücken. Am Bach, unweit des Schulgebäudes, war mein Versteck. Dort lagerten Zigaretten, etwas Haschisch, meist eine angebrochene Zwei-Liter-Flasche Lambrusco, und Gedichte von Rilke, Rimbaud und anderen, die ich nicht in ihren Worten, wohl aber in ihrer Stimmung verstand. Und meine unruhigen und hilflosen Versuche. Wie war mir der Wind! Wie war mir der Mond! Die Sterne!
Doch ich träumte nicht nur von Raubrittern und vergangenen Zeiten, nein, ich suchte nach einer Möglichkeit, dem Leben zu entkommen, malte mir mein Sterben aus, meinen Tod. In Gedanken fuhr ich nach Paris, um dort vom Eiffelturm zu springen. Ich ertränkte meinen Körper im Fluß dort unten, in der Werra, oder in fiktiven klaren Seen, weit fort von hier, nachts, unter klarem Sternenhimmel. Ich tötete meine Mutter, meinen Vater, den Mathematiklehrer, der mir an einem kalten Regentag, als ich im Schulflur bleiben wollte, wegen meines Schnupfens, seine Faust in den Magen rammte, bis ich mich erbrach. Ich tötete wahllos Erwachsene: Politiker, Generäle, Priester, den Papst, die Soldaten aller

Länder, Mütter, immer wieder Mütter, und Tanten. Ich wurde zum Amokläufer, schlachtete wild und von Sinnen, alle, die mir vor die Flinte kamen.
Und nun saß ich dort, am Fuße der alten Burg, auf dem großen Stein, fast reglos, still, und keiner sah mir das Morden an.
Am größten wurde meine Wut, gemischt mit dem Gefühl hilfloser Trauer, wenn die dicke, ungeschälte Banane von hinten in mich geschoben wurde, und mein Mund vom Brei verstopft war. In mir war das kleine, gestopfte Kind und außer mir diese endlose Weite, in der ich allein, einsam und verloren, existierte. Kein Mensch konnte mich verstehen, keiner mich berühren, jetzt und immerdar. Und ich versank in die Bilder.
Ich bin sieben Jahre alt. Ich versinke in blauschwarzer Nacht. In der Bretterbude, hinten auf dem Hof, erwartet mich die Frau. Katzensteine unter meinen Füßen. Blanke Augen im Mond betasten meinen Körper. Ich bin so allein in dieser Nacht, ein einsames Kind, auf dem Weg zum Plumpsklo, hinten auf dem Hof.
Die Frau sitzt mit ihrem weißen nackten Arsch auf dem Klo, daß die Spitze der gefrorenen Scheiße fast ihre Spalte aufreißt. Sie wartet. Ich trete auf tausend Augen. Ich bin so klein. Ein Kind.
Eine gläserne Kugel spannt sich über das Geschehen, kristallisiert das Gefühl. Die Tür zum Klo steht einen Spalt weit offen. Im fahlen Licht der Taschenlampe erkenne ich das geblümte Kleid, diese roten fleischigen Blumen und die grobmaschige Strickjacke. Am Haken hängt vom Großvater korrekt geschnittenes Zeitungspapier. Die fetten Blumen ziehen mich in die Bretterbude.
Es ist, als säße ich hinter Glas, jetzt, dreißig Jahre später. Verschwunden die Burg. Verschwunden der Vierzehnjährige

auf dem Stein, dem Altar des Schulschwänzers. Ich bin fast vierzig und weiß nicht, wo die Zeit geblieben ist.
Die Frau sagt nichts, sie lächelt nur. Ich muß so dringend pinkeln. Es ist so kalt. Die Frau zieht mir die Hosen herunter, nimmt meinen kleinen Kinderschwanz in die Hand, und steht vom Klo auf. Wie dick sie ist! Wie alt! Sie zieht mich zum Bretterloch und flüstert: "Ein Zauberstäbchen hängt an dir... damit werd' ich zaubern..." Diese alte fette Hexe!
Ich pinkele in die Sickergrube. Die Frau schüttelt die Tröpfchen ab, drängt mich ein Stück zurück, an die Bretterwand, rafft ihr Kleid und setzt sich wieder auf das Loch. Lächelnd verschließt sie die Tür mit dem verrosteten Haken und zieht mich an den Hüften zu sich heran.
Mir schlabbert die Hose in den Kniekehlen. Das Gesicht der Frau klebt vor meinem Geschlecht. Sie flüstert Worte, deren Sinn ich nicht verstehe, und greift nach meinem Pimmel, streicht mit ihren Fingern auf ihm hin und her, zuerst vorsichtig, dann heftig und immer schneller. Es tut weh! Ich schwitze. Irgend etwas ist anders. Ich weiß nicht, was geschieht. Die Frau hat meinen Kinderschwanz in den Mund genommen, und er wird groß und hart. Ich will das nicht! Ich bin ein Kind!
"Ich bin ein Kind", höre ich mich leise sagen, sitze auf dem Boden meiner Diele, jetzt, hier vor dem Schrank mit den Tabletten. Ich will den Himmel zerschneiden, fasse nach meinem Schwanz, um zu sehen, ob ich ihn abgetrennt habe. Eine Schere liegt neben mir auf dem Boden, eine dieser gekrümmten Bindenscheren. Das Kind will fliehen, steht starr, kein Laut löst sich aus der verwirrten Verzweiflung.
Mit einer Hand massiert die Frau meinen kleinen Hintern, greift in die Kerbe, und ich fühle einen Finger in meinem Po, ganz tief. Sie holt mich stoßweise zu ihrem Mund. Sie saugt und leckt und grunzt wie eine Sau. Sie hört nicht auf, und ich bekomme eine Gänsehaut. Ich pinkele ihr in den Mund, aber

es ist gar keine Pisse. Es klebt so fremd. Jetzt hat die Frau sehr große Augen und zieht mein Gesicht auf ihre dicken weißen Titten, die aus der Strickjacke hervorquellen. Sie drückt mich immer fester an sich und stöhnt. Etwas sabberig Haariges streicht an meinem Knie, am schmalen Kinderbein, auf und ab, immer schneller und fester reibt sie ihre Fotze an meinem Knie und Schenkel, und plötzlich stößt sie mich heftig von sich. Die scharfen Augen der Frau zwingen mich in die Knie. Ich muß mich vor das Klo, vor die Frau knien, die mein Gesicht auf ihre nasse Möse presst und sich von mir sauberlecken läßt. Es stinkt nach Fisch und Scheiße. Ich ringe nach Luft.
"Es reicht! Geh! Schlaf!" befiehlt die Frau. "Es ist spät."
Ich weiß, daß ich nichts sagen darf. Ich weiß, daß niemand mir glaubt. Ich weiß, daß überhaupt niemand da ist, außer der bösen Frau und mir. Wir sind allein auf der Welt. Sie und ich. Sie sagt, ich werde sie noch brauchen, noch vermissen. Aber ich bin ein Kind. "Vermissen" - was ist das?
Mein Telefon klingelt. Ich robbe zum Tisch, nehme den Hörer ab, lege ihn langsam, sehr langsam auf die Tischplatte, und höre irgendwo die Stimme meiner Mutter. Wabberig kriechen Worte über die Tischplatte, und die Stimme meiner Mutter tropft wie Slimie auf den Teppich. Hunderte Miniaturvervielfältigungen meiner Mutter krabbeln auf meinem Bein, saugen sich an meinen Waden fest.
Ich muß kotzen! Springe auf und renne zur Kloschüssel. Die Frau zieht sich gerade den Schlüpfer hoch, unter das Fleischblumenkleid, hier, in meinem Badezimmer. Aber ich übergebe mich nur noch mit einem galligen dicken Strahl. Mir wird schwarz vor Augen. Auf allen vieren krieche ich zurück in mein Zimmer. Die Frau lacht, lacht laut und schallend. Ich reiße die Telefonschnur aus der Wand und verliere die Besinnung.

Die Besinnung?
Es gibt keine Besinnungslosigkeit! Es gibt keine Flucht, keine Ruhe vor den Bildern. Genug! Genug! Ich falle hinab, in mir hinab.
Der wundersame Gesang des gefesselten Kindes steigt aus noch tieferen Tiefen herauf, und wir treffen uns, der Gesang und ich, in dieser schleierhaften Zwischenwelt, irgendwo zwischen Herz und Kopf, zwischen Organ und Geist.

"Bin abgestürzt
auf kalte Erde
Spiegelkind
vor weißem Mond
Nie im Kreis
von Stirb und Werde
Hab' in meinem Traum gewohnt

Kann nicht leben
und nicht sterben
Bin nicht von hier
und nicht von dort
Ohne Ahnen
ohne Erben
sucht meine Seele ihren Ort

Wer mich liebt
ist bald verloren
Geflogen bin ich
nur allein
In mir
wird neuer Traum geboren
Spiegelkinder bleiben Schein"

Es ist meine Stimme, die Stimme des kleinen Jungen, der, im Keller eingesperrt, gegen die Angst ansingt, und dessen Singen zum Gesang eines anderen wird, eines anderen zarten Wesens, zwischen Gott und Teufel.

Aus der Innenwelt löst sich eine Außenwelt, um dem Kind die Einsamkeit zu nehmen.

Wenn ich nur Ruhe fände! Der Keller und die Außenwelt sind mit mir gewachsen. Riesig ist die Zwischenwelt, viel größer und eindrucksvoller, verwirrender auch als es andere Menschen sehen können.

Und da ist Er. Seit fast vierzig Jahren ist Er da und spricht mir in's Wort und mischt sich ein, und unsere Schicksale scheinen ineinander verwoben. Wir spielen ein sehr altes Spiel und fragen uns, wer dazu die Regeln macht. Wer kettet mich? Wer kettet uns, daß wir einander so bedingen? Oder ist es bloße Posse, nicht Gesetz? Hier ist kein Unterschied zwischen Liebe und Haß.

Er spricht und schweigt und kommt und geht, wann immer es Ihm paßt, läßt Er mich verwirrt zurück. Manchmal auch leer. Und ich will mit, will mit Ihm fliegen - und falle hart, auf Treppen, Kacheln, in meiner Wohnung, vor den Tablettenschrank. Und will ich zwischen Wirklichkeiten wählen, bin ich verloren, bin nicht von hier und nicht von dort, weiß nicht, wo meine Heimat ist. Und Er? Was will Er in der Zwischenwelt, wo Er doch fliegen kann und frei sein? Oder ist auch Er nicht frei? Was will Er von mir? Und mit der Frage ist's, als wäre ich immer Er gewesen - und hab' es nur vergessen, in diesem Spiel, mich nur verirrt. Ich bin selbst der Spieler, ich träume mich.

Zu unwahrscheinlich wohl, und doch ist mir, als könne ich, nach tiefem Fall, aus dieser Ohnmacht nun erwachen.

Es klingelt laut und aufdringlich. Das Telefon kann es nicht sein; die Schnur ist nicht zurück in die Wand gewachsen. Ich liege hier, auf meinem blauen Teppich, ich bin zu Hause hier.

Im Treppenhaus sind Stimmen zu hören. Eine Nachbarin verhandelt mit den Zeugen Jehovas. Draußen rumpelt eine Straßenbahn, und weiter weg höre ich Christopher II, den Rettungshubschrauber, auf dem Dach des Krankenhauses landen. Christopher II rettet Leben. Ich habe mir alles nur ausgedacht.

Meine Geschichte ist erfunden. Mein Zustand ist Teil meiner Phantasie. Bis jetzt war es mein Geheimnis. Ich verpflichte euch zum Schweigen! Ansonsten denke ich mir einen interdisziplinären Fluch für euch! Der sickert durch's Papier, denn alles ist möglich! Wer sich fürchtet, gebe sich der Furcht ganz hin - oder lege die Seiten fort, verbrenne sie! Denn die Zwischenräume sind prall gefüllt.

Oder tragt ihr das Glück der Dummen?

Alles nur erdacht, es bleibt das Bananengefühl. Ganze Plantagen habe ich leergefressen, ohne auch nur ein einziges Gramm verdaut zu haben. Immer noch die alten Bilder! Immer noch Symbole! Ja! Aber ist es wirklich so simpel, wie es euch jetzt scheint? Immerhin war ich ein Kind und erst ein halbes Jahr alt. Mit der ersten Banane. Mir schmerzen die Hoden, bei dieser Vermutung. Aber nur Bananen?

Vor meiner Wohnungstür tuscheln die Zeugen Jehovas. Wahrscheinlich machen sie sich Notizen. Und als ich aufstehen will, um Wasser zu trinken, drückt mich sanft, aber bestimmt eine Hand auf den Boden zurück. Ich weiß, daß Er es ist. Und Er spricht zu mir:

"Du denkst zuviel! Dazu hast du doch mich! Füge dich in die Natur, sei Mensch, wie Menschen sind. Was du vernimmst, das halte gut zurück. Denn es glaubt dir keiner!"

Sind so die Regeln? Sprichst immer nur Du? Mischst immer nur Du Dich ein? Und ich? Ich höre immer nur zu? Schluß damit! Hör' Du mir zu! Du quälst mich schon eine Leben lang!

"Quälen? Zuhören?"

Er steht dicht hinter mir. Ohne Ihn sehen zu können, erkenne ich Ihn. Er hat meine Statur, ist etwa 1,83 cm groß, hat langes krauses Haar und einen Bauchansatz.
"Du vertauschst die Rollen!", betont Er eindringlich und hält seine Hand fest auf meiner Schulter. "Du bist der Mensch! Ich bin der Geist! Dein Leben soll mir nützlich sein, deshalb bist du geschaffen. Ohne mich gab' es dich nicht! Du stirbst, wenn ich es will!"
Du drohst mir also wieder? Du suchst Dich selbst, bist selbst nicht frei!
"Schweig!", brüllt Er. "Verstehst nichts von den Dingen! Ich bin dein Lebenselexier! Stell' dich nur gut mit mir! Nur so kommen wir weiter."
Wir? Dann kommen wir voran? Du hälst mich zum Narren! Du brauchst also auch mich! Du sagst, ich sei nur Hülle und stürbe ohne Dich...Wenn ich nun aber selbst entscheide? Ich habe das Leben und kann es verschenken. Bist Du in deiner Freiheit dann allein? Oder quälen auch gar Dich noch Geister? Du hälst mein Leben in der Hand? Ich halte Deinen Tod! Wer bist denn Du - wer bin denn ich? Mir scheint, Du denkst wie ich.
"Wie du!"
Ja! Du fühlst dich nicht wohl, in Deiner unsichtbaren Haut! Was ist? Sonst sprichst Du mir doch immer in's Wort, wie es Deine Art ist, rücksichtslos zu sein! Hat's Dir die Sprache verschlagen?
"Anmaßender Tor! Du vermagst zu unterscheiden zwischen Person und Wesen - und weißt nicht, wer ich bin, weißt nicht, wer Du bist. Du bist ein Narr! Begibst Dich in Gefahr! Nur Irre sprechen mit den Geistern! Du willst es so! Ich bin mit Dir erwacht, Du Narr, und es drängt mich sehr, Dich wieder zu verlassen. Wenn Du aber stirbst, dann bleibe ich - dann bleibst Du mir. Deshalb nur lasse ich Dich leben!" Das

ist es doch! Das habe ich gemeint, als ich dir sagte, daß ich deinen Tod halte! Du könntest mich einfach sterben lassen? Oft schon wollte ich dich im Traum behalten, weil ich in dir gefangen bin. Du hättest es mir leicht gemacht, wolltest mit mir fliegen.
Der Geist ist auch im Geist gefangen, Narr! So will ich mich von dir befreien, durch dich hindurch und durch die Zeit. Dein Leiden soll mir Freude sein! Erlösung! Wenn du jetzt stirbst, dann ist kein Wandel!
Dann bringst du mir, was ich schon hab' - und ich bleibe ohne Liebe...
Aber was weiß schon ein Narr vom Wesen der Dinge, von Formen und vom Ungeformten! Auch ich bin noch der Weisheit fern - so fern... Es muß so sein, wie es jetzt ist! Gefühl muß her! Verdammtes Gefühl! Ich bin in dir und außer dir - weiß auch nicht, wer ich bin. Wer weiß schon von sich selbst..."
Er weiß nichts von einem Selbst?
Vor meinem Fenster perkussionieren Handwerker. Heavymetal at work. Mir tun die Knochen weh! Kein Wunder, so verrenkt im Flur zu liegen! Deutschland ist schon längst erwacht und gefährlich geschäftig - und ich liege hier im Flur, vor dem offenen Tablettenschrank, überall Röhrchen und Schachteln, fast alle noch ungeöffnet. Vermutlich habe ich mich nicht umgebracht. Tote haben nicht solche Schmerzen. Dieses Wahnsinnsklopfen unter der neuen, nagelneuen, Sechshundertmarkkrone macht mich verrückt, falls ich das nicht ohnehin schon bin. In meinem Mund sieht es aus wie in einer Schlosserei. Die Folge der jahrzehntelangen Angst vor Zahnärzten und Bohrern. Die Folge der Gleichgültigkeit gegenüber meinem Körper. Die Folge des Siebzehnjahresuffs. Und die Rache ist gründlich. Scheiße! Zähne sind ein Konstruktionsfehler der Schöpfung. Scheiße! Scheiße! Scheiße! Die Schöpfung ist der Fehler selbst! Zuerst war das

Wort - dann kamen die Zahnschmerzen. Und die Rache ist gründlich. Scheiße! Zähne sind ein Konstruktionsfehler selbst! Zuerst war das Wort - dann kamen die Zahnschmerzen. Und drumherum überall Bananenplantagen und Cola-Flüsse.
Draußen zerreißt eine Kreissäge das Ozon. Gleich zwei LKWs versuchen sich im Rückwärtsgang. Krach! Und mir fällt ein, daß die Indianer und die Tibeter das Rad lange vor uns kannten. Und was haben sie daraus gemacht: Medizinräder und Gebetsmühlen! Das muß man mal in aller Ruhe sacken lassen! Und wir brauchen Räder, Räder, Räder, um Bananen zu bewegen: Oh, Kacke!
"Räder, Räder, Räder! Wir waren mitten im Gespräch! Und du faselst etwas von Rädern und Bananen!", höre ich fordernd Seine Stimme hinter mir. Da steht Er, lässig an den Türrahmen gelehnt, während ich immer noch völlig verhuselt auf dem Boden liege. Deutlich unsichtbar, steht Er da und redet frisch drauflos, als geb's die Stunden nicht, die inzwischen vergangen sein müssen. Oder ist keine Zeit verronnen? Habe ich nicht geschlafen, nicht geträumt?
"Gefühl...", sagt Er, "Gefühl ist dir so fremd wie mir!! Wir suchen es! Du denkst, ich sei Geist und somit frei...willst mit mir fliegen. Doch auch um mich ist Raum und and're Zeit. Ja, sogar deine Zeit spielt in meine Zeit hinein. Die Ahnung nur gibt uns den Auftrag, uns zu wandeln. Ich kenne dich! Du willst noch mehr! Du willst den Kreislauf nun durchbrechen! Willst den Kreislauf willentlich beenden...um du selbst zu

sein. Von and'rer Seite wird es dir gegeben! Du willst dich nicht nur vom Körper befreien, sondern auch von mir, von meinem Wesen, meinem Sein! Mehr noch! Auch von deinem Selbst willst du nichts wissen, sondern suchst das Unbekannte hinter der Form...
Du weißt genau, daß ich dein Unglück war - und bin dein Glück! Wo ist der Unterschied? Der Narr bist du - der Narr bin ich! Alle sind wir Narren! Du denkst zuviel, spaltest mich ab - und dich in viele Teile. Multiple Persönlichkeit! Daß ich nicht lache!"
Halt die Fresse, du altes, steinaltes Arschloch! Halt einfach mal die gottverdammte Fresse, damit ich wenigstens aufstehen kann! Du kümmerst dich einen Scheißdreck um mein Wohlbefinden! Kein Wunder, daß Du das Gefühl nicht findest! Du gefühlloser Kleingeist...Poltergeist... Arschgeist! Laß' mich eine Minute in Ruhe, wenn Du mir schon keinen Frieden gönnst!
Ich rappele mich auf und lehne meinen Körper gegen die Schranktür. Draußen läuten Kirchturmglocken und ein Bauarbeiter schreit nach einem Hammer. Einem Hammer! Großmutter! Mein Vater erzählte mir, daß sie einmal ihre Miete nicht pünktlich bezahlen konnte, woraufhin der Vermieter ihr mit einem Hammer auf den Kopf schlug. Sie ging geradewegs zum Teich - das weiß ich jetzt genau - und kam nicht mehr zurück. Später stach Vater wieder und wieder mit einer Bohnenstange in's eiskalte Wasser, bis er die Leiche spürte. Und er wurde diese Mutterleiche nie wieder los. Mein Vater, diese schwache schweigsame Frau mit großen Muskeln. Mein Vater, dieser bärenstarke Bauarbeiter mit dem gebrochenen Herzen. Vater ist ein Gespenst. Er geht durch mich hindurch und sieht meine Tränen nicht, hat Angst vor diesem brüllenden Fleischberg, den ich lieben muß. Angst vor meiner Mutter, diesem Mann mit Kittelschürze und Strapsen darunter. Vater ging immer sehr früh zur Arbeit und

kam sehr spät zurück. Ich lag meistens schon im Bett, auf der feuchten Matratze. Er brachte Lohntüten nach Hause und machte Kopfstand. So nannte er es. Er war ein trauriges Gespenst, das mit anderen Gespenstern Überstunden machte, um der Familie zu entfliehen, der Gespensterfamilie. Er träumt - das weiß ich -, daß er noch Wanderschäfer ist, ein freier Mann, früher, bevor er meine Mutter kannte, bevor er Kinder hatte. Kein Lohntütenkopfstand! Er trank kübelweise frische Luft! Nicht Bier! Nicht jeden Tag Bier und Schnaps, um zu vergessen - und doch immer wieder nur zu träumen, vom Gras, vom Mond, vom Weg... Vater trank und schwieg. Er trinkt immer noch und schweigt. Bis in alle Ewigkeit! Mein Vatergespenst.
"Multipel! Multipel!", lästert Er vor mir. Er grinst mir direkt in's Gesicht. Es ist, als schaute ich in einen Spiegel. Grinse mich an! "Wir reden jetzt nicht über deinen Vater, sondern über uns! Mit ihm kannst du immer noch sprechen. Er ist ja noch nicht lange tot. Du spaltest mich ab - und bist doch zu sehr ein Mensch. Und ich schwebe zwischen dir und dem, was mich noch formt. Weisheit liegt jenseits aller Formen! Du bist's, der mich nicht weiter läßt!"
„Nein Du! Du zerfällst in tausend Leben, wenn ich Dich nur begreifen will! Du bist ein sehr lebendiger Tod!"
"Bin lebendig - und bin tot! Schau hin! Schau nur hin!"
Ich liege im Schlafzimmer, in meinem Bett, neben den Ehebetten. Neben mir höre ich meine Eltern, wie sie flüstern und sich leise beschimpfen. Ich liege starr unter meiner Decke. Der Bettenberg neben mir bewegt sich rhythmisch, immer rauf und runter, rauf und runter. Die ganze Zeit über beschimpft meine Mutter den Mann, der mein Vater sein soll. Und er hechelt, bis er plötzlich grunzt und der Bettenberg zusammenfällt. Ich habe Angst, daß sie mich holen und zwischen sich erdrücken. Ich bewege mich nicht, damit sie mich vergessen, und pisse in mein Bett. Auf dem nassen

Laken kann ich nicht einschlafen. Morgen werde ich wieder Schläge mit dem Riemen bekommen, weil ich ein Schwein bin. Mutter schlägt mich oft und gern. Und ich bin ein stilles Kind und suche nach Rattennestern im Garten und beerdige tote Vögel.
Morgens sind meine Augen gelb verklebt. Ich habe geträumt und wollte nicht zurück. Ich wollte beim nackten Engel bleiben, der mich hielt. Doch auch dieser nackte Engel enttäuschte mich. Ursprünglich kam er aus dem Bilderrahmen über meinen Bett in meine Träume. Er streifte die Kleider ab, da auch ich nackt war, und tröstete mich mit dem allbekannten Satz: „Die Zeit heilt alle Wunden". Der Engel war üppig, mit großem Busen und breiten Hüften, und warm, so warm, nahm er mich in seine Arme. Er war weiblich, aber sehr muskulös.
Die Zeit heilt alle Wunden. Ein Teddybär fliegt flugs vorbei, mit viel zu großen Augen und einer Frage im Gesicht. Wohin? Die Liebe hat ihm das Fell ausgekämmt. Nun ist er nackt. Eine hölzerne Wäscheklammer klemmt ihm ein Schweigen auf's zarte Teddymaul. Eine Kerze flackert. Ein Birnbaum wächst. Die Kinderseele liegt im Abgrund. In meinem Kopf hupt ein Spielzeugauto. Im Traum. Im Traum. Ein Margarinebrot klebt an der Wand. Ich stehe starr mit blutigen Knien. Der warme nackte Engel - nein! - schiebt sich eine Banane zwischen die Beine. Meine Mutter lacht und schlägt mich an's Kreuz. "Die Zeit heilt alle Wunden", keucht der Engel vor dem Kreuz. Der Engel, bei dem ich so gern bleiben wollte. Mein Schutzengel hat mich betrogen.
Ganz allein. Einsam.
"Du hast doch mich!", höre ich Ihn jetzt wieder neben mir. Fast väterlich sagt Er nochmals: "Du hast doch mich."
Was hast du mir schon voraus, wo du mich brauchst und meinen Körper wählst? Du sagst sogar, daß du mich formst! Zyniker! Zynischer kann nur Gott noch sein.

"Du selbst bist zynisch. Dein menschliches Gefallen läßt uns in der Zeit. Und das ist gut! Werden und Vergehen - alles ist steter Wandel. Was wäre sonst? Die Angst, sie bleibt. Und diese geb' ich dir, damit du bleibst und meinen Schatten trägst. Wenn du nicht bist, muß ich ihn selber tragen. Er kriecht in mich. Für die Ewigkeit ist das zu schwer! Gib' die Schatten weiter! Liebet und mehret euch! Befreie dich und mich von dieser Last! Wahrheit? Die ist grausam! Du wirst mich nicht los, denn es ist die Hölle, was du den Himmel nennst! Und du; du stehst nur ein Stück davor."
Du denkst nur wie dein Gott sich denkt! Alle Leben vorher schon wolltest du es so belassen. Doch unsere Schatten... unsere Schatten holen uns ein. Du gibst mir eine Jakobsleiter, die länger wird und länger, sobald ich die obersten Sprossen erreiche. Immer bleibt nur Horizont. Ein göttliches Spiel! Dein Gott ist dein Teufel - und du hältst sie getrennt.
"Gott und Teufel... getrennt, getrennt! Gott und Teufel ... getrennt!" Seine und meine Stimme verschmelzen in einem Singsang. Ich starre in meinen Flurspiegel - und er schaut mich an und spricht: "Meine Angst hab' ich von dir!"
Meine Lippen sind es, die diese Worte formen.
"Läßt mich nicht leben und nicht sterben... Ohne Gefühl... Gefühl..."
Den Kreislauf gilt es zu durchbrechen! Schreie ich den Spiegel an. Der Spiegel knarrt, ist eine Tür, die Tür, die alte hölzerne Plumpsklotür. Da ist sie wieder! Wieder die Frau, im Fleischblumenkleid, die ihre fetten weißen Arme nach mir ausstreckt, mich hineinzieht und wissend fordert: „Du weißt, was du zu tun hast! Es ist wieder an der Zeit! Piss' mir in den Mund, du kleines Schwein! Aber vorher, du geiler Kindermann, du Vieh, kniest du dich hin! Knie' dich hin und leck' mich! Leck!"
Minuten später - oder Tage? - kniee ich vor meinem Flurspiegel. Meine Zunge ist geschwollen und wund. Klebrige

Spuren auf dem Glas. Benommen schleppe ich meinen Körper in's Bad. Ich hatte tausend Jahre keinen Schlaf. So fühle ich mich. Ich fühle mich.
Ich bin als kleines Kind gefickt worden.
Ich hocke mich auf die Kloschüssel. Vor mir, aus der mit blauer Ölfarbe dick gestrichenen Badezimmerwand, tritt die alte kleine Hexe, die mir seit mehr als dreißig Jahren immer wieder erscheint. Sie lockt mich im Wald auf eine Lichtung und zeigt mir ein verwunschenes, wunderschönes Haus, dessen Eingang mit Holzornamenten, Schlangen und anderem Getier geschmückt ist. Neugierig zieht es mich zur Tür des Hauses und erwartungsvoll trete ich ein. Hinter mir schließt sich die Tür mit einem lauten Knall. Sie ist, von innen betrachtet, aus zentnerschwerem Metall. Mitten im Saal, der sich vor mir öffnet, steht ein Engel aus Eis, der sich eine riesige goldene Banane von hinten in den Arsch steckt. Überall an den Wänden hängen tote Schafe an Fleischerhaken. Der Saal ist weiß gekachelt und kalt wie ein Kühlraum. So kalt, wie die ehemalige Räucherkammer, in der ich als Baby in einem Gitterbettchen liegen mußte. Über dem Gitterbett hing das Bild des Schutzengels in einem goldbemalten Rahmen. Ich erinnere mich gut. So kalt...
Im Saal hantieren Stakkatomenschen in Trance mit langen Messern. Sie ziehen Schafen bei lebendigem Leib das Fell ab. Auch die Schafe an den Haken bewegen sich noch, sehe ich jetzt. Aber kein Laut ist zu hören. Über einer zweiten Eisentür steht in großen goldenen Lettern geschrieben:" Leiden verboten!". Hinter mir die Tür ist fest verschlossen.
Ich renne durch den Saal, vorbei an den Automatenmenschen, und entkomme durch die zweite Tür, die sich auch gleich mit hartem Knall fest hinter mit verschließt. Im zweiten, abgedunkelten Saal ziehen sich Menschen ganz langsam gegenseitig die Haut von den Leibern. Kein Laut. Langsam und sehr sorgfältig schneiden sie sich in's Fleisch,

häuten sich. Es fließt kein Blut. Sie sind halb gefroren. Ein muskelsehniges Schattenballett bewegt sich lautlos im Saal. Einige bewegen sich auf mich zu. Mein Hals ist aus Dörrfleisch, ich kann nicht schreien, ich fliehe, breche durch die Wand, die Nebelwand, sehe silberne Vertiefungen, spüre metallene Nässe, und begreife plötzlich, daß mein Kopf in einer Waschtrommel steckt. Ich kniee im Badezimmer, in meinem Badezimmer, vor der Wachmaschine und halte den Kopf in die Trommel. Irgendwo in der Waschmaschine röchelt die alte Hexe ein kehliges Lachen. Draußen, vor meinem Fenster, kämpft sich ein Dreizentnerrasenmäher durch's zehn Zentimeter hohe unschuldige Gras.
Ich bin als Kind gefickt worden, schießt es mir durch den Kopf. Ich ziehe meinen Kopf vorsichtig aus der Waschtrommel, da ich mich fürchte, mich selbst zu guillotinieren. Heute ist Dienstag. Ich habe einen Termin beim Gesundheitsamt. Heute soll erneut über meine Erwerbsunfähigkeit entschieden werden.
Wie spät ist es? Wo ist mein Wecker? Da, irgendwo da zwischen den Kissen auf dem Boden tickt es. Eine Zeitbombe? Nein. Es ist neun Uhr, Dienstag früh, neun Uhr. Ich weiß, wer ich bin, kenne meinen Namen, mein Geburtsdatum, finde den Aktenordner mit den ärztlichen Unterlagen und Klinikberichten. Wasser über's Haar, über den heißen Schädel, kämmen, pissen, die Kleidung ordnen, Schuhe suchen und los. Raus auf die Straße. Kein Mensch kann sehen, was geschehen ist. Hoffentlich! Ich kann einen Fuß vor den anderen setzen, bewege mich vorwärts, lege eine Strecke zurück, alles geschieht wie selbstverständlich, normal. Schon eine halbe Stunde vor dem Termin sitze ich im engen Flur des Gesundheitsamtes und übe mich im Zittern. War es das rechte Augenlid? Brahms rumort mir durch's Gedärm und Smetanas 'Moldau' steigt mir in den Beinen hoch. Ich schwitze, schwitze wirklich, das Hemd klebt auf kalter Haut.

Ich bin Borderliner. Ich bin suizidgefährdet. Der Engel neben mir ist eigentlicher, ist stärker. Das bin ich selbst.
Die Ärztin, die Gutachterin des Gesundheitsamtes, schaut mir direkt in die Augen. "Haben sie schon einmal versucht, sich das Leben zu nehmen", fragt sie. "Sie sagen, daß sie suizidgefährdet seien."
Wissen Sie, ich bin viele. Nur der nervigste Teil sitzt hier vor Ihnen. Ich habe fast zwanzig Jahre lang versucht, mir das Leben zu nehmen. Mit vierzehn habe ich angefangen zu saufen, jeden Tag. Zuerst nur Bier und billigen Wein, nachmittags, nach der Schule, später auch schon morgens, vor dem Unterricht und in den Pausen. Dann hatte ich kleine Taschenflaschen in der Schultasche und habe immer mal zwischendurch einen Schluck genommen. Schnaps. In den großen Pausen habe ich mir Joints gedreht und war im Unterricht bekifft. Mit fünfzehn habe ich Whiskey gesoffen, Weinbrand, Likör, alles, was ich besorgen konnte, im Supermarkt klauen und organisieren. Als ich fünfzehn war, bin ich sozusagen ausgezogen zu Hause, habe mir den Weg freigekämpft. Es war Weihnachten, verbunden mit den üblichen Streitereien und dem Vorbereitungsstreß. Ich sollte einen künstlichen Baum aufstellen, sollte den Abend mit der Familie verbringen, mit Vater, Mutter, dem Bruder und seiner Verlobten, und damals noch mit den Eltern meiner Mutter, die inzwischen verstorben sind. Eine dieser Freßfeiern, wo glückliche Familie gespielt wurde. Aber jetzt war Streß, und Mutter schrie herum, schimpfte meinen Vater einen Nichtsnutz, einen unbegabten Hampelmann, der weder eine Leitung reparieren kann, noch einen Weihnachtsbaum schmücken. Ich wollte also raus, wollte zu Freunden, die eine Anti-Fete feierten, mit geschmücktem Kaktus, mit Kerze obendrauf und mit Silberbronze angestrichen. Und Mutter verstellte mir den Weg, hielt mich fest, schlug mir in's Gesicht, wie so oft, und Vater stand dabei, und sie schrie:

"Tu doch auch was!", und titulierte ihn als Trottel, als Schwächling. Da nahm ich den Plastikweihnachtsbaum wie eine Lanze und wehrte mich, wehrte mich zum ersten mal gegen diese Tyrannin, und kämpfte mir den Weg frei, indem ich blind um mich schlug. Anschließend betrank ich mich mit anderen Flüchtlingen und ging viel später nochmals nach Hause zurück, betrunken, und las der Weihnachtsgesellschaft unter Tränen die Geschichte vom Mädchen mit den Schwefelhölzern vor. Dann lief ich raus. Hinaus in den Schnee. Es war schon Mitternacht und die Glocken läuteten, und ich heulte wie ein Schloßhund. Ich war so einsam; so einsam, wie das Mädchen mit den Schwefelhölzern. Ich lief umher, und als ich die Kälte nicht mehr ertragen konnte, ging ich zurück wie ein reuiger Hund, aber die Wohnungstür war von innen mit einer Kette verschlossen. Ich klingelte. Mutter rief mir durch die geschlossene Tür zu, daß dies nicht mehr mein Zuhause sei. Ich legte mich im Fahrradkeller auf eine alte Holzkiste, aber konnte nicht schlafen, da es zu kalt war. Ich ging hinaus in den kalten, dunklen Feiertagsmorgen, ging zur alten Mühle, wo Studenten und Freaks lebten, ging einfach durch eine unabgeschlossene Tür und legte mich auf eine Matratze. Dort blieb ich dann ca. ein Jahr. Es war ein Kommen und Gehen, meist wohnten mehr als zehn Leute in einem Raum. Immer war Gras da, die Miete wurde mit Spirituosen bezahlt, die palettenweise zwei Leute ankarrten, die zeitweilig in einer Spedition arbeiteten. Bruch.
Tante Vera, die mittelalterliche Vermieterin, akzeptierte diese Bezahlung, akzeptierte überhaupt alles, da sie soff wie ein Loch. Ja, ich habe versucht, mir das Leben zu nehmen. Jeden Tag wieder, siebzehn Jahre lang, ohne es zu wissen. Und zwischendurch wissentlich, später, mit Tabletten, aber ich hab's überlebt, hatte Krämpfe und Lähmungen, aber habe es überlebt. Gott wollte mich nicht, war nicht gnädig. Es gibt ihn nicht, diesen gnädigen Gott. Und jetzt will ich Ruhe, nur

Ruhe! Und wenn Sie mir nicht helfen, diese Ruhe zu bekommen, dann bringe ich mich um. Dann mache ich Schluß. Dann gelingt es mir. Ich brauche Ruhe.
"Wie geht es Ihnen heute", fragt die Ärztin interessiert.
Heute? Heute bin ich die vier Stationen hierher mit der Straßenbahn gefahren. Es war der totale Streß. Ich hatte einen Stehplatz. Die Leute haben mich angeglotzt. Ist etwas auffällig an mir? Trage ich ein Kainsmal auf der Stirn? Ich hatte wieder diese Kugel im Kopf, die sich unentwegt ausdehnt und zusammenzieht, schrumpft und wächst.
Ich lüge die Ärztin an. Ich habe in der Straßenbahn gesessen. Kein Schwein hat sich um mich gekümmert, keiner mich angeschaut. Eine ganz normale Straßenbahnfahrt. Aber das soll sie nicht wissen. Ich brauche Beweise, will diesen Schein, der mich für weitere zwei Jahre befreit, diesen Nachweis für das Sozialamt, der mich berechtigt, weiterhin Hilfe zum Lebensunterhalt plus Mehrbelastungszuschlag wegen Erwerbsunfähigkeit zu beziehen. Kein Streß mit Arbeitsämtern. Keine gemeinnützige Arbeit für drei Mark Stundenlohn. Ruhe. Ich will Ruhe!
Meine linke Hand zittert. Mein rechtes Augenlid fliegt. Ich erzähle ihr weiter, daß ich in der Straßenbahn das Gefühl hatte, mich aufzulösen.
Ich drohte zu verschwinden, Frau Doktor, verstehen Sie? Es war wie eine Narkose. Ich stand im Nebel und mußte alle mir zur Verfügung stehende Kraft zusammennehmen, um nicht zu sterben, einfach so zu sterben. Aber ich wußte gleichzeitig, daß ich dann nicht tot sein würde, wenn Sie verstehen, was ich meine. Eben genau die typischen Borderline-Symptome, wie sie von Rohde-Dachser und Kernberg und Schwartz-Salant beschrieben werden, falls Sie die gelesen haben.
Ich wollte die gute Frau Gutachterin etwas unter Druck setzen, indem ich zu erfahren versuchte, ob sie die einschlägige Fachliteratur zum Thema kennt. Darauf

antwortete sie nicht, war aber sichtlich verlegen. Und bevor sie eine andere Frage stellen konnte, erzählte ich munter weiter, von dieser Stimme, die ich seit Jahren schon höre.
Diese Stimme kontrolliert mich, Frau Doktor, sie lacht über mich. Und trotzdem ist diese Stimme Ich. Sie ist Ich, wenn Sie verstehen, was ich meine, und hier sitzt nur der nervigste Teil von mir vor Ihnen auf dem Stuhl. Die Stimme ist der Dichter im Universum.
Ich mußte mir ein Lachen verkneifen. Und doch war es plötzlich wahr, was ich hier erzähle. Ich log diese Frau an und spürte dabei die tragische Wahrheit meiner Lügengeschichte.
Diese Stimme ist der Geist, Frau Doktor, sie ist ein Teil meines Selbstes, wenn Sie verstehen, was ich meine. Sie haben ja studiert, sind gewissermaßen Fachfrau auf diesem Gebiet. Oder? Die Stimme ist nicht mein 'Über-Ich', sondern Teil meines Selbst, Frau Doktor! Und wenn Sie mich zur Arbeit schicken, dann bringe ich mich um! Dann bringt mich mein Selbst um! Das sollen Sie wissen! Da kann ich gar nichts tun.
Die Gutachterin wurde sichtlich nervöser, zumal ich wieder ganz genau die Zimmerdecke nach Erscheinungen absuchte, aber mit fester Stimme sagte sie: "Ich lasse mich nicht von Ihnen erpressen! Eine Entscheidung treffe ich immer noch selbst!"
„Genau! Selbst!“, fiel ich ihr in's Wort. Verlassen Sie sich nur auf sich selbst. Ich weiß, daß sich einige Ärzte des Gesundheitsamtes gegen die Klienten, die wegen Bescheinigungen hier erscheinen müssen, verschworen haben. Die bösen Mächte beherrschen das Gesundheitsamt. Sie wollen mich in den Tod treiben.
Ich stottere. Meine Mundwinkel zucken. Das kann doch alles gar nicht wahr sein! Bin ich es, der hier spricht? Ich habe meine Stimme nicht mehr unter Kontrolle! Oh!, Scheiße! Meine Gedanken sind frei!

"Zur Sache!", höre ich die Ärztin sagen. "Waren sie schon einmal in einer Klinik, zur stationären Behandlung? Sie haben doch ein Alkoholproblem?"
Ich bin seit sechs Jahren drei Monaten vier Tagen und, Moment - ich schaue auf meine Armbanduhr -, zehn Sekunden trocken. Nach meinem zweiten Entzug. Den ersten Entzug habe ich 1979 gemacht, im Jüdischen Krankenhaus zu Berlin, bei Schmittchen. Dr. Schmitt, eine Kapazität auf diesem Gebiet. Und trotzdem bin ich rückfällig geworden. Ich erinnere mich, daß ich aus der Klinik meine Mutter in Westdeutschland angerufen habe. Ich hatte keinen Pfennig Geld, und meine Hose ist mir in die Kniekehlen gerutscht. Ich wußte nicht, was ich tun sollte, und rief also zu Hause an, obwohl ich seit Jahren kaum noch Kontakt zu meinen Eltern hatte. Ab und zu ein Brief, eine Geburtstagskarte, und zwischendurch manchmal die nervigen Anrufe meiner Mutter, die mir seit Jahren mitteilte, daß ihre Hausschuhe zerschlissen seien, und sie sich keine neuen leisten könne. Sie läge ohnehin bald auf dem Friedhof, und dann würde ich sehen, wie es ohne Mutter ist. Ja, und ich gab ihr die Adresse der Klinik, woraufhin sie fragte - und eigentlich war es weniger eine Frage als ein Vorwurf - ob es denn unbedingt ein jüdisches Krankenhaus sein müsse. Und sowieso müßte sie sich schämen, daß ich in einer Trinkerheilanstalt gelandet sei. Wer aufhören will, kann das auch so. Man muß nur den Willen haben! Der allerdings verließ mich schon während des Telefonats.
Ja, da habe ich meinen ersten Entzug gemacht. Es war auch höchste Zeit. Ich hatte völlig den Halt verloren, war von Sinnlosigkeit umgeben und wußte nicht mehr, was ich in Berlin wollte, wie ich überhaupt in diese Stadt gekommen war. Ich begriff mich nicht als Alkoholiker, sondern suchte ganz einfach nach einer Überlebensmöglichkeit. Ich wollte

nicht verhungern, suchte einen roten Faden, eine neue Geschichte, einen Anfang, um leben zu können.
Und ich war völlig fertig, hatte gekündigt, einen Pflegehelferjob in einer Klinik für Kinder- und Jugendpsychiatrie, hatte die letzten Möbel verheizt, in meinem großen Berliner Kachelofen, und hatte einfach nichts mehr zu saufen, kein Geld und keinen Kredit mehr. Aber ich verstand mich nicht als Alkoholiker, sondern als Rollenspieler. Ich stand im U-Bahnhof Leopoldplatz und dachte mir eine Geschichte aus. Ich wollte springen. Mir fiel auf, daß ich nichts zu verlieren hatte, außer der Geschichte, die ich mir ausdachte. Der Tod war eine Möglichkeit, der Angst und der Zeit, also meiner alten Geschichte bis gerade zu dem Zeitpunkt auf dem U-Bahnhof, zu entkommen. Ich holte mir diese Möglichkeit heran und trieb Späße mit ihr, indem ich mir einen kleinen Blutfleck vorstellte, der am Metall der U-Bahn von mir haften geblieben war und der noch wochenlang durch Berlins Schächte spazierenfuhr. Es amüsierte mich. Ich wollte aus dem Amüsement eine Möglichkeit machen, da Alkohol mein Lebensinhalt war und die Beschaffung meine Hauptbeschäftigung, seit Jahren schon. In abgerissener Kleidung, hungrig und den Flattermann in sämtlichen Knochen, stand ich im U-Bahnhof und lächelte selig vor mich hin. Langsam entfernte sich die Sinnlosigkeit, die mich eben noch angegrinst hatte. Ich wußte, daß die Nacht mein Tag war, ich Versteck spielte, ohne zu wissen, vor wem ich mich verstecke. Morgens hörte ich quietschend Autos anfahren, Martinshörner verklingen, Stimmen von Arbeitern eines benachbarten Kartonagebetriebes, Stimmen von Betrunkenen, die in einer nahegelegenen Tag-und-Nacht-Kneipe ihr Zuhause hatten. Ich hörte Stimmen ohne Hintergrund, Stimmen irgendwelchen trägen Geschehens. Mit dem Zischen der S-Bahn-Luftdruckbremsen vor meinem Fenster waren die Tage in bedrängend deutliche Kurzzeit-

abschnitte eingeteilt. Ich fand keinen Schlaf mehr. Überall stieß ich auf gespielte Normalität, auf Geschäftigkeit, auf Arbeitsplatz und Feierabendzeit, auf Überfluß und Lachen. Und ich war pleite, hatte keinen Sprit mehr und keine Aussicht auf Nachschub.

Da mich die Ärztin nicht unterbricht, erzähle ich weiter. Verwunderlich, daß mir plötzlich so viel wieder einfällt, Begebenheiten und Gedanken, die schon viele Jahre zurückliegen.

Direkt vom U-Bahnhof ging ich zu einem Nervenarzt, dem erstbesten, dessen Praxenschild mir auffiel. Schon nach einer halben Stunde hatte ich einen Kostenübernahmeschein in der Tasche. Ich holte nur noch einige Kleidungsstücke - viel besaß ich nicht - aus meiner Wohnung und fuhr direkt in's Krankenhaus. Aber ich begriff mich eben als Spieler, nicht als hilfebedürftigen Kranken. Ich wurde sehr freundlich aufgenommen und befand mich bald in einem Vier-Bett-Zimmer. Die anderen Patienten stellten sich mit ihren Vornamen vor und dem Zusatz: "Ich bin Alkoholiker." "Ich heiße Jochen und bin Alkoholiker." Mir fiel im Traum nicht ein, mich derart vorzustellen. Ich bekam Gewissenskonflikte. War ich nun Alkoholiker - oder nicht? Gab ich zu, einer zu sein, so durfte ich mindestens sechs Wochen auf Station bleiben, was mir mindestens sechs Wochen der Ordnung bedeutete. Ich brauchte Ruhe. Ich dachte damals, daß Rollenspiele unerläßlich sind, um ein Ziel zu erreichen. Ganz so falsch ist das ja auch nicht. Mein Ziel war, die unbestimmte Angst zu verlieren, die ich immer mit mir herumtrug, und einen neuen Anfang zu finden, sozusagen ein neues Leben zu beginnen, auch wenn das nicht wirklich möglich ist. In der Klinik erfuhr ich, was Alkoholismus überhaupt ist, und sah Patienten mit epileptischen Anfällen. Einer war im Delirium, lag unter dem Bett im Maschinengewehrsperrfeuer. Er erlebte sich im Schützengraben. Ein anderer wollte mit ausgebreiteten Armen in die USA fliegen.

In dieser Menagerie war ich viel zu ruhig. Die innere Unruhe konnte mir niemand ansehen. Und da das Personal immer auch ein Auge auf mich hatte, spielte ich den Unruhigen, lief nachts den Gang auf und ab und warf morgens mit einer Teekanne nach einer Küchenhilfe. Ich gab mich ungeduldig und glaubte dadurch meinen Aufenthalt zu rechtfertigen. Ich spielte diese Rolle gern, da ihr wirkliche Bedürfnisse zugrunde lagen. Außerdem faszinierten mich die spielerischen Möglichkeiten in einer eigentlich spielfreien Szenerie. Eines Tages kam eine Studentin und suchte einen Interviewpartner. Sie schrieb eine Examensarbeit über Alkoholismus. Bereitwillig sagte ich zu, da ich inzwischen wußte, daß ich tatsächlich die Person werde, deren Rolle ich annehme. Es gab dann keine Trennungslinie. Ich spielte den Alkoholiker, also war ich der Alkoholiker. Dazu kommt, daß ich wirklich Alkoholiker bin, es aber zu dieser Zeit gar nichts wußte.

Die Gutachterin hörte immer noch schweigend zu. Ich saß nun schon eine fette halbe Stunde in ihrem Büro und breitete mich aus.

Ich fand mich also zur verabredeten Zeit in einem spartanisch eingerichteten Büro ein und spielte scheu und unbeholfen mit einem Bleistift. Ich bot der Studentin das Du an, wir einigten uns auf eine Stunde Interviewzeit, und sie drückte die Aufnahmetaste ihres Recorders. Eine ihrer vielen Fragen lautete, wie ich denn auf Station gekommen sei, und da ich nicht antworten wollte, ich sei mit der U-Bahn gekommen, vor die ich hatte springen wollen, in meiner erdachten Geschichte, antwortete ich ihr, daß ein Mensch immer das erreichen würde, was er im tiefsten Verlangen erreichen wolle. Als die Studentin am Ende des Interviews einen Defekt des Bandgerätes feststellte, wodurch keine Aufnahme entstanden war, und mich laut lachen hörte, reagierte sie sichtlich verstört, deutete auf das Gerät und fragte, ob dies meine Absicht gewesen sei. Natürlich, antwortete ich, sah sie wissend an und ging. Und kaum war ich im Flur, schien mir der Gedanke an meine übersinnlichen Kräfte gar nicht einmal absurd. Nach sechs Wochen wurde ich entlassen. Ich war fast ein Jahr lang trocken.

Nachdem mich die Ärztin auf die fortgeschrittene Zeit aufmerksam gemacht hatte, ging ich noch stichpunktartig auf Familienkrankheiten und bisher gestellte Diagnosen ein.

"Sie bekommen einen schriftlichen Bescheid", klärte mich Frau Dr. D. auf und entließ mich mit Handschlag.

Geschafft! Ich war guter Hoffnung auf mindestens zwei Jahre Freiheit. Das Sozialamt wird, wie auch nach der ersten gesundheitsamtlichen Untersuchung, ein Schreiben erhalten, welches mir einen Mehrbelastungszuschlag von hundert Mark monatlich gewährleistet. Ich werde weiterhin sechshundert Mark im Monat erhalten, als Lohn für meine Mühen und Plagen. Krankheit ist ein full-time-job.

Ich bin irgendwie relaxt, fahre mit der Straßenbahn in den Wilhelmshöher Park. Vierzehn Stationen. Soll die Straßenbahn doch aus Gummi sein, und ich ein Kohlenstoffmolekül! Ich bin ein Bananenkind, ein Borderliner, ein Arbeitsscheuer, ein Freidenker - aber mit Witz! Ob wohl jemals jemand merkt, daß ich gar nicht krank bin, sondern nur pfiffig? Ich schlängele mich durch's Bürokratenlabyrinth des Sozialstaates, der es mir unmöglich macht, als Jäger und Sammler zu leben.

Im Park ist kaum ein Mensch. Es ist ja Dienstag. Wir sind eine große Seele, die Enten auf dem Teich und ich. Ich amte tief durch. Ich habe nichts Vernünftiges gelernt, außer zu überleben. Ich bin ein Verweigerer. Ich bin ein Dichter. "Gott hat uns verlassen", schrie Mutter immer. Sie gab mir mit auf den Weg, daß das Leben eine Qual ist. Doch hier im Park ist mir Mutters Gott scheißegal!

Aber warum bin ich eigentlich nach Berlin gegangen, in diese herzlose Stadt, die sich immer selbst beweihräuchern muß? Ich bin geflohen, bin aus der Kleinstadt geflohen, und vor Mutter. Vor der Vergangenheit bin ich fortgelaufen - und habe doch alles nach Kreuzberg mitgenommen.
Plötzlich sind die alten Bilder wieder da, meine erste Freundin, mit ihrem lauten Lachen, weil ich mich umdrehe, von ihr wegdrehe, als sie meinen Schwanz in den Mund nimmt. Sie ist erst vierzehn und sagt: 'Stell' dich doch nicht so an! Ich kann das Zeug doch ausspucken und mir den Mund spülen'. Aber das ist es doch gar nicht, bleibt es mir in der Kehle stecken. Ich habe sie doch lieb und will sie nicht erniedrigen. Nicht sie! Ich will immer nur ihre Nähe, ihren schon so reifen Mädchenkörper, ihre Wärme, und reibe meine Schenkel zwischen ihren Beinen. Sie ist genau wie die Fleischblumenfrau! Und wie meine Lehrerin, die mich völlig mißverstanden hat. Ich bin nachts, betrunken, durch ihr Kellerfenster gestiegen, gegen den Öltank geknallt, und zu ihr in's Zimmer geschlichen. Ich weiß nicht, wo ich heute schlafen soll, habe ich ihr gesagt und dabei einen jämmerlichen Eindruck geboten. Zwar war ich schon fünfzehn, fühlte mich aber wie ein verlorenes Kind. Sie führte mich in's Bad und säuberte meine Kopfwunde. Sie roch gut, viel besser als meine säuerliche Mutter, und sprach so warme Worte. Ich war erleichtert, als sie mich in's Bett steckte, nachdem ich geduscht hatte. Hier war ich sicher, so dachte ich. Aber es war ihr Bett. Sie kroch zu mir unter die Decke. Ich wußte, daß sie geschieden war. Ich war nackt und müde. Sie streichelte meinen Bauch, meine Hoden, meinen Schwanz, und obwohl ich Abscheu verspürte, reagierte mein Körper. Sie war meine Lehrerin und am Montag hatte ich Unterricht bei ihr. Aber hier war nicht die Schule, nicht das Klassenzimmer, sondern ihr Bett. Sie streifte sich das Nachthemd ab und schob meinen Kopf auf ihre Brüste. Ich

war ein Automat. Ich wußte genau, was ich zu tun hatte, kannte das alles schon, und mußte nicht denken. Ich kroch mit der Zunge zwischen ihre Beine und leckte drauflos, hörte ihr Stöhnen, hörte wieder das Keuchen der Frau auf dem Plumpsklo. Sollte das niemals aufhören? War das so im Leben? Waren sie gut zu mir und wollte mir etwas zeigen, was ich wissen mußte? Müssen Männer das machen und wollen die Frauen es? Ich war ein Pawlowscher Hund und dazu konditioniert, Frauen zu lecken. Die Fleischblumenfrau, meine Lehrerin, und jetzt meine Freundin, das Mädchen, dem ich Gänseblümchen schenkte, und das Kinder haben wollte. "Wenn du es nicht willst, was ich nicht verstehe, dann mach' es mir", sagte sie lachend. Und da mir alle Lust vergangen war und mein Schwanz geschrumpft, grub ich mein Gesicht zwischen ihre Beine und tat, was ich gelernt hatte. Da ist ein Punkt zwischen den Beinen der Frauen, den muß ich lecken, bis sie mich wegstoßen, und meine Zunge wund ist. Und später ging es immer weiter so. Nach meinem ersten Alkoholentzug, damals in Berlin, lernte ich meine Malerin kennen. Jetzt sollte alles anders werden. Ich war seit einigen Wochen trocken, hatte einen Job in einem Supermarkt, verstand mich aber als Lyriker und schrieb Gedichte. Sie malte und ich schrieb. Wir waren glücklich miteinander. So dachte ich, so wollte ich es. Aber da war etwas, daß mich erinnerte und sehr traurig machte. Meine Malerin war frauenbewegt, und einmal wöchentlich war Frauengruppe. Ich kochte dann Kaffee und backte Kuchen. Ich war stolz, als ich sie zu den anderen Frauen sagen hörte, ich sei nicht schwanzfixiert. Sie breitete unser Sexualleben, die intimsten Stunden, vor den anderen Frauen aus, und diese taten es ihr gleich. Ich wurde wie ein Rassehund beobachtet, wenn ich den Kaffee brachte. "Alle Frauen sollten kapieren, daß sie nur über ihre Klitoris einen Orgasmus erreichen“, hörte ich meine Malerin dozieren. Es ist also richtig, was ich mache, dachte ich. Ich habe als Kind gelernt, was richtig ist. Sie wollten es nur gut.

Ich mache Frauen glücklich, wenn ich Pawlowscher Hund spiele. Und anschließend lassen sie mich in sich. Das ist natürlich. Das ist ein Liebesritual. Und als meine Malerin mich später überzeugte, die freie Liebe wider die Eifersucht auszuprobieren, und zuerst mit einer Freundin schlief, kamen die frauenbewegten Frauen zu mir. Sie hatten schon mit meiner Malerin gesprochen, alles abgeklärt. Ich leckte kleine Mösen und große Votzen und durfte anschließend in sie abspritzen. Ich war ein braves Hündchen mit einer unermüdlichen Zunge. Das sprach sich in Künstlerkreisen herum, so daß ich im Laufe weniger Monate sämtliche Ateliers der Kunsthochschule ausschlabberte und vollspritzte, mit dem dazugehörigen Tripper. Meine Malerin tröstete mich. Ich verfaßte zärtlichste Liebeslyrik und fing wieder an, zu saufen. Und vorbei war´s mit der Liebe. Die Eifersucht hatte meine Malerin eingeholt, als sie mich mit ihrer besten Freundin überraschte. Ich zog in ein besetztes Haus, soff, trommelte, organisierte, lachte, war ein bekannter und beliebter bunter Hund, der sich durch den Alltag bumste. Warum nicht! Schließlich gaben mir die Frauen auch Essen und Wein und Geld zur Finanzierung eines Gedichtbandes, welcher natürlich nie erschien, sondern mir durch die Kehle floß. Dann kam die Räumung, der Pawlowsche Hund floh an die côte d'azur und leckte Touristinnen, für einen Platz im Zelt, für ein Mittagessen und für Rotwein. Rotwein in Strömen. Rotwein bis zur Besinnungslosigkeit.

Die Enten sind sehr zutraulich. Eine wagt sich bis an meine Schuhspitze vor. Armes unschuldiges Tier, denke ich, und habe Lust, sie brutal zu treten.

Da muß ich jetzt durch. Einmal die Untiefen angekratzt, gibt es kein Zurück mehr. Keine fünfhundert Meter entfernt steht die Habichtswaldklinik, in der ich vor zwei Jahren noch

Patient war. Psychosomatische Abteilung. Borderline-Syndrom. Ich mußte länger als ein Jahr warten, um einen Platz in der Habichtswaldklinik zu bekommen. Gleich am ersten Tag lag ich im Bett einer Rothaarigen und spielte mein altes Spiel. Kopf zwischen die Beine, lecken, fortgestoßen werden, abspritzen. Meist nicht einmal das. Irgendwann wollte sie dann nicht einmal mehr mit mir spazierengehen, sondern diese "rein sexuelle Beziehung", wie sie sich ausdrückte. Es war doch sowieso nicht viel mehr. Spaziergänge und Gespräche hatten fast eine Alibifunktion. Es war fast ein Wunder, daß ich nicht zusagte, sondern "Nein" sagte, laut und deutlich "Nein!".

Und dann sah ich meine Liebste.

Am Abend eines anstrengenden Kliniktages, in welchem ich mit dem Teufel gerungen hatte, stand ich am Fenster meines Zimmers und sah hinaus:

Unter dem Baum im Schattenkleide
Auf die Knie gestützt das Kinn
Tiefe die ich jäh beneide
Such' ich doch ruhelos nach Sinn

Bin doch Hälfte nur in Einem
Mein Dämon ist's der sich noch wehrt
Der Liebe Tränen schenken Klarheit
Wer liebt ist niemals unversehrt

Bleib´ bei mir in den kalten Tagen
Weil du meine Antwort bist
Ohne Antwort bleiben Fragen
Dem der das Du im Ich vergißt

Hinter der Sehnsucht liegt die Freiheit
Allein ich habe mich geirrt

Als greller Maskenspieler Feigheit
Mir Gefühl und Selbst verwirrt

Seit Jahren hatte ich kein Lied mehr im Herzen. Und nun dieses seltsame Gedicht. Ich wußte nicht, wie mir war. Ich war so unendlich traurig und doch so erfüllt von... Ich hatte keinen Namen.

Am Nachmittag, während eines rebirthing-Erlebnisses, war mir der Teufel erschienen. Ich war gerade eben in gleißendem Licht geboren. Dort erwartete mich diese Fratze, der Gehörnte mit feuerrotem Gesicht. Die Atemtherapeutin berichtete mir später, wie ich mich in Krämpfen gewunden hatte und immer wieder geschrien: „Nein! Du kriegst meine Seele nicht! Verschwinde! Verschwinde, Satan!" Sie mußte all' ihre Kräfte aufbringen, um mich am Boden zu halten. Ich hatte ihn zwar nicht besiegt, aber er war verschwunden. Als ich erwachte, wußte ich, daß ich stark bin, so stark wie Er. Mehrmals hatte ich den Teufel "Mutter" genannt, erzählte die Therapeutin. Draußen saß meine Liebste.

Noch am selben Abend packte ich eine Flasche Wasser und Zigaretten in meinen Rucksack und ging in den Wald. Der Teufel in mir war heute so deutlich heraufgestiegen, daß ich ihn nicht wieder verlieren wollte. Ein Dialog mußte doch möglich sein! Ich kannte diese Gestalt. Als ich fünf Jahre alt war, hockte ich oft in der Wohnküche meiner Großmutter und zerriß alte Zeitungen, zuerst in Streifen, dann in winzige Quadrate, stundenlang. Meine Oma mischte die Papierfetzen zwischen die Eierkohlen und belohnte mich mit fünf Pfennigen, die ich sparte, bis ich ein mit Jagdwurst belegtes Brötchen von den Fünfern kaufen konnte. Sonst aß ich gern Margarinebrot mit Zucker. Und Rhabarber, frisch gepflückt. Ich saß also wieder einmal in der Wohnküche, als sich die Tür hinter mir öffnete, und ein Teufelchen in's Zimmer sprang. Es sah lustig aus, hatte den typischen langen quastigen

Schwanz, einen kleinen Pferdefuß und Hörner. Eigentlich mehr Hörnchen, denn der Typ war noch sehr jung. Er grinste mich an, tanzte in der Küche herum, sang 'Dadali...dadalo', und verschwand in der neben der Küche gelegenen Abstellkammer. Dort suchte ich, konnte ihn aber nicht mehr entdecken. Ich nannte ihn 'Dadalo'. Bis heute hatte ich keinem Menschen von Dadalo erzählt. Erst nachdem mir die große Teufelsfratze während des Tiefenatmens erschienen war, sagte ich zur Therapeutin: "Den kenne ich! Der ist mit mir gewachsen!" Ich hatte ihn die ganze Zeit über in mir getragen. Entweder ich hatte ihn mitgebracht, oder er wartete auf mich. Als ich tiefer im Wald war, begann es in Strömen zu regnen. Ich fand eine kleine Lichtung und suchte mir dort einen Platz, ziemlich in der Mitte. Obwohl ich inzwischen bis auf die Haut durchnäßt war, setzte ich mich im Schneidersitz nieder, steckte eine Zigarette an und blies Rauch in alle vier Himmelsrichtungen. Gewitter kam auf. Ich wußte, daß dies eine besondere Stunde war und ich nur durch eine Beschwörung meine Seele retten konnte. Ich dachte an die Frau, die ich vom Klinikfenster aus beobachtet hatte, und wußte, daß ich durch sie zur Liebe finden konnte, auch wenn wir noch kein Wort miteinander gewechselt hatten. Ich konzentrierte mich ganz auf das Rauschen des Regens, kroch nach innen und murmelte: 'Kommt, ihr Geister aus der Ahnung... aus der Tiefe... komm, Dadalo... Zeig' dich... sprich mit mir... '
Ich mußte lange so sitzen, vielleicht eine oder zwei Stunden, ohne Nässe und Kälte zu spüren. Ich wurde ein Stein. Ganz leise vernahm ich die zarte Stimme, die ich später noch einmal hören sollte, und wußte, daß dieses gefesselte Kind aus der Unterwelt zu mir spricht, doch gleichzeitig ich es bin, der diese Worte formt. Das Kind war in mir gefesselt.

Bist abgestürzt
auf kalte Erde
Spiegelkind
vor weißem Mond
Nie im Kreis
von Stirb und Werde
Hast du in deinem
Traum gewohnt

Kannst nicht leben
und nicht sterben
Bist nicht von hier
und nicht von dort
Ohne Ahnen
ohne Erben
Sucht deine Seele
ihren Ort

Wer dich liebt
ist bald verloren
Geflogen bist du
nur allein
In dir wird
neuer Traum geboren
Spiegelkinder
bleiben Schein

Ich versuchte wirklich alles, um dem Kind zu erklären, daß es nicht allein sei, sondern ich es gehört habe, und es zu mir kommen kann.
So leise, wie es gekommen war, verschwand es wieder, verschwand im Wald krachend laut, gewaltig, hell - und Er stand vor mir. Dadalo! Er hatte einen langen krausen schwarzen Bart, stank fürchterlich nach verfaultem

Rhabarber, die Hörnchen waren zu Hörnern gewachsen und gekrümmt, und dort, wo das Teufelchen aus meiner Kindheit nur rotes Fell hatte, wucherte ein schwarzer Sack und eine riesige schwarze Banane. Dabei sah er gar nicht komisch aus. "Was willst du von mir? Du Narr!", donnerte er.

Ich zeigte keine Angst vor ihm, aber er spürte sie wohl und lachte laut und schallend: "Du tropfendes Kind! Du kleiner Idiot! Du glaubst wohl, mir zu entkommen? Haha! Du kannst nicht vor dir selber fliehen! Ich bin deine Geschichte! Du Narr! Du Tölpel!"
Deshalb bin ich hier, bemühte ich mich mit fester Stimme zu entgegnen. Fast vierzig Jahre lang hast du meine Geschichte bestimmt, ohne daß ich es wußte. Jetzt will ich wissen, was geschah! Was ist mit mir passiert? Was hast du getan? Warum habe ich siebzehn Jahre lang gesoffen? Warum bleibe ich ohne Liebe und allein? Warum wiederholt sich alles? Warum bleiben die Bilder und wechseln nur die Personen? Warum bin ich in mir gefangen? Was ist mit meinem Gefühl passiert? Warum fühle ich nichts? Warum fühle ich mich nicht?
Immer mehr und mehr Fragen stiegen ungeduldig in mir auf.
"Halt! Genug! Zu viel auf einmal! Zu viele Fragen", brüllte Dadalo. „Ich werde dir die Bilder zeigen. Eines nach dem anderen. Manchmal dann, wenn du es am wenigsten erwartest. Manchmal, wenn du ein Kind schreien hörst. Manchmal, wenn du eine Frau riechst. Noch kannst du wählen, zwischen der Verdrängung und dem Chaos. Entscheidest du dich für das Chaos, kommst du dem Irrsinn sehr nahe. Die Menschen werden dich auslachen. Sie werden sich von dir abwenden. In den schönsten Momenten deines Lebens werde ich da sein, werde dir zeigen, wer du wirklich bist! Die Bilder werden dir Kälte bringen und Impotenz. Du wirst dich in Krämpfen winden und keine Ruhe finden, wenn du dich zur Ruhe einrichtest. Du wirst nicht einmal ein Buch

lesen können oder einen Film sehen, ohne daß du dich erinnerst. Und wenn du die Bilder nicht erträgst, wirst du im Irrenhaus hinter Gittern enden, oder verbluten, deinen abgetrennten Schwanz neben dir. Wähle! Denn ich bin die Kraft und die Herrlichkeit auf dieser Erde! Ich bin dein Gott in dieser Zeit! Mir kannst du nicht entkommen! Wähle! Du hast nur ein einziges Mal die Wahl! Jetzt oder nie! Haha! Wähle!"

Und wieder schlug ein Blitz ein. Dadalo, mein Teufelchen, der in mir gewachsene Satan, war fort, verschwunden, hatte sich in nichts aufgelöst. In mir brodelte es. Meine Gedärme krampften und Schleim rann mir aus dem Mund. Es brannte mir zwischen den Beinen. Plötzlich wurde ich mir der Kälte und Nässe bewußt, zitterte, mir klapperten die Zähne aufeinander, und ich begann zu rennen, rannte und schrie in die Nacht: "Ja! Ja, ich will! Ich wähle die Wahrheit! Ich will die Bilder! Ja!" Gut, daß mich nachts im Wald kein Mensch hören und sehen konnte, sonst wäre ich schon sehr bald in der Psychiatrie gelandet, wie Dadalo es angekündigt hatte. Dabei fühlte ich mich so normal wie lange nicht mehr. Schmutzig und zerschunden kam ich morgens in der Habichtswaldklinik an.

Alles das geht mir jetzt wieder durch den Kopf, hier am Ententeich, hier, wo ich einen ruhigen Ort vermutet hatte. Aber wie hatte Dadalo gesagt: Immer dann, wenn ich es am wenigsten vermute, werden mir die Bilder gezeigt. Und ich wollte es so. Es war schon schlimmer, noch gestern und heute morgen. Aber es lagen auch lange Pausen zwischen den Bildern, die mich allerdings nicht sonderlich beruhigten, denn ich hatte noch nicht alles erfahren. Vieles war nur Ahnung und vieles zweideutig. In den Pausen konnte ich meiner Liebsten begegnen, dann war Platz für den Alltag, für Nähe und Gespräche, für unsere Liebe - ja, ich komme der Liebe näher und sie nähert sich mir.

Als meine Wunde eiterte
die von den Eltern beigebrachte Scham
ging ich allein

nicht mehr begehrt
war meine Haut
nur noch Mantel für die Knochen

auf einer Lichtung
nachts
regnete es Asche auf mein Haar

und Schlamm
und Schlacke waren
wo vorher die Gedanken wohnten

Ich suchte Schutz
vor dieser Welt
in einem Himmelshafen

doch Steine vor der Einfahrt
versperrten meinem Kinderkahn
den Weg

Da half kein Schreien
und kein Strampeln
als ich versank

schaute der Vater weg
die Mutter
löste Kreuzworträtsel

Und doch war Licht

auf der anderen Seite des Mondes
war Licht

stand die Trauer
in einer weißen Flamme
rannen mir kalte rote Tränen über das Gesicht

Ich werde dich nicht fragen
Frau
woher du kamst

und warum du mir
zur rechten Zeit
eine blaue Kerze schenktest

Sie streichelte meine zerkratzten Arme, in der Sonne, im Park.
Am Morgen fand ich eine blaue Kerze vor meiner Tür.
Es ist so schön, die Liebe zu spüren. So selten. So schwer.

Diagnostische Kriterien der Borderline-Persönlichkeitsstörung (zitiert nach DSM-III)
Mindestens fünf der folgenden Merkmale sind erforderlich:

1. Impulsivität oder Unberechenbarkeit in mindestens zwei Bereichen, die potentiell selbstschädigend sind, z. B. Verschwendung, Sexualität, Glücksspiel, Gebrauch psychotroper Substanzen, Ladendiebstahl, zu viel essen, Selbstschädigungshandlungen;
2. ein Muster von instabilen, aber intensiven zwischenmenschlichen Beziehung, z. B. ausgeprägte Sprünge in den Einstellungen, Idealisierung, Abwertung, Manipulation;

3. unangemessener, heftiger Zorn oder unzureichende Kontrolle über den Zorn, z.B. häufiges Zeigen von Gereiztheit, dauerndes Zornigsein;
4. Identitätsunsicherheit, die sich in Schwierigkeiten in verschiedenen Bereichen, die mit der Identität zusammenhängen, äußert, etwa im Selbstbild, in der Geschlechtszugehörigkeit, hinsichtlich langfristiger Ziele, der Berufswahl, Freundschaftsbeziehungen sowie Werte und Loyalität, z.B. "Wer bin ich?";
5. affektive Instabilität: deutliches Schwanken von normaler Stimmung zu Depression, Reizbarkeit oder Ängstlichkeit, die gewöhnlich einige Stunden lang und nur selten länger als einige Tage andauern, mit Rückkehr zu normaler Stimmung;
6. Alleinsein wird schwer ertragen, es gibt z. B. heftige Bemühungen, Alleinsein zu vermeiden, niedergeschlagen, wenn allein;
7. Körperliche Selbstbeschädigungshandlungen, z. B. suizidale Gesten, Selbstverstümmelung, wiederholte Unfälle oder Schlägereien;
8. chronische Gefühle von Leere und Langeweile.

Ich saß noch lange im Park auf der Bank, beobachtete die Enten beim Tauchen und das Schwanenpaar, Mann und Frau, wie sie langsam über das Wasser glitten. Inzwischen stand die Sonne hoch und Spaziergänger hatten sich im Park eingefunden. Langsam ging ich zurück zur Straßenbahnhaltestelle und fuhr in die Stadt, zurück in meine Wohnung. Mit meiner Liebsten und ihrem Sohn hatte ich mich darauf geeinigt, daß wir uns eine Woche lang nicht sehen würden. Ich sollte mich den Eindrücken und Erinnerungen hingeben können, ungestört, ohne Verpflichtungen, ohne die sonst nötige Kontrolle. Der Junge sollte mich in meiner zeitweiligen Verwirrung nicht sehen, und ich wußte, daß ich

meine alte Wut und meinen Haß nur zu schnell auf meine Liebste projizierte, stellvertretend für die Frauen, die mir Leid angetan hatten. Ich wollte sie und mich selbst schützen, weil ich nicht wußte, was heraufkommen würde, herauf aus der Erinnerung, aus dem Unbewußten.
Wir bewohnen zwei kleine Wohnungen, nebeneinander gelegen, in einem Mietshaus. 'Der ideale Zustand für Sie', wie mein Therapeut meinte, bevor er in Urlaub ging. Vielleicht hatte er recht; vielleicht waren die Umstände genau auf mich, auf uns, zugeschnitten, und ich sollte es als eine Tatsache, einen dieser berühmten Zufälle, annehmen.
Kaum hatte ich die Wohnungstür hinter mir verschlossen, trat Er mir auch schon wieder entgegen.

"Du hast mich warten lassen! Du hast wieder deine Spielchen gespielt! Hoffentlich weißt du zu würdigen, daß ich mich im Gesundheitsamt nicht mehr eingemischt habe. Ich wollte unseren Dialog nicht unterbrechen. Aber es ist nicht leicht mit dir! Du fällst um, steckst deinen Kopf in eine Waschtrommel und leckst Spiegel ab! Ganz schön durcheinander, wie? Setz dich! Wir wollen unser Gespräch fortsetzen. Du hast dich erinnert, vorhin, im Park? Ja; ich weiß alles! Du bist dem Großen begegnet, damals in der Klinik und im Wald. Ich bin einer seiner Minister. Und ich frage dich, wer dir die Gedanken eingibt, wenn nicht der Große es ist, und wenn nicht ich es bin? Hast du verstanden, daß wir viele Formen haben? Ich komme als Engel zu dir und als Teufel, als Gottes silbriges Licht, als Schlächter und Retter, gerade wie es mir beliebt. Und jetzt willst du mich befreien - und bringst mich nur in ärgste Not. Hätte ich dich nur nicht wählen lassen! Ich aber stehe zu meinem Wort. Als ein Teil der Natur halte ich meine Versprechen. Wenn du schon die Freiheit willst, ohne zu wissen, wie sie ist, dann laß' mich dich befreien, so wie das Gesetz es sagt."

Welches Gesetz? Du bist es nicht, der die Gesetze macht! Du bist ihnen unterworfen. Dadalo! Du hast dich verraten! 'Ein Teil der Natur', so hast du gesagt.
"Wer ist, verflucht, der Dritte, der sich einmischt, wenn du mein Wesen von meinem Willen scheidest?! Du bist verwirrt! Du bist verrückt! Füge dich - dann wird alles gut! Nimm, was ich dir gebe, und verlange nicht nach mehr. Dann ist es gut."
Für dich, in deiner Zwischenwelt! Du kennst doch nur dauernden Auf- und Abstieg!
"Blablabla ... gut für uns! Denn wir sind Eins. Ich suche das Gefühl, so, wie du es vermißt."
Hinter Dadalo öffnet sich das Nichts. Marc Aurel tritt heraus und sagt: "Wenn der Schmerz unerträglich ist, zerstört er uns. Wenn er uns nicht zerstört, ist er zu ertragen." Das Nichts schließt sich, und selbst Dadalo scheint verwundert. Neben ihm sitzt plötzlich das Kind und singt: "Ich bin blind und bin gefangen ... lalalalalalala ... in einem großen Herz aus Glas ... Ihr seid über mir gegangen ... lalalalalalala ... ich schlief dicht unter dem Gras." So unwahrscheinlich wie es gekommen war, war das Kind wieder verschwunden.
Hast du gehört? Hast du es gehört?, fragte ich Dadalo aufgeregt.
Er sah erschrocken aus. So hatte ich ihn noch nie gesehen.
"Irgendein Gesäusel. Schrödingers Blödsinn! Hör' nur auf mich!" Schrödinger? Das war doch dieser Quanten-Philosoph, der behauptete, daß unsere Beobachtung zur Verwirklichung von Realität führt? "Das behauptet er immer noch. Vergiß es! Du liest zuviel!"
Aber da war doch das Kind!
"Da war nichts. Hier bin nur ich ... und das sollte dir reichen!"
Schade ... jetzt ist es fort. Es war so schön, so traurig schön. Es war die Stimme Gottes, Dadalo, die Licht in's Dunkel bringt. Gott, so wie ich ihn mir denke, wie ich ihn mir

schaffe. So ist mein Gott. Und mein Gott, so wie ich ihn will, ist so stark wie du! Du Dadalo, bist der Teufel, mein Teufel, und sagst, du könntest jede Gestalt annehmen. Ich denke, du bist Gott. Wenn ich mir Gott denke, der aus mir entsteht, dann bist auch du Gedanke, dann bist auch du gedacht, bist in mir, ein alter, uralter Gedanke.
Wieder war die Stimme des Kindes zu hören: "Ich bin blind und bin gefangen ... lalalalalalala ... in einem großen Gott aus Glas ..."
Da ist es wieder!
"Und wenn schon! Hier ist viel; der Äther ist voll!", ärgerte sich Dadalo.
Aus dir spricht die Angst, entgegnete ich ihm. Wenn's nun unser Gefühl ist, wenn's mein Kind ist, ich es bin, der kleine Junge von damals? Ich muß doch ' was tun. Es muß doch etwas geschehen!
"Hast du nicht schon genügend Bilder?" fragte mich Dadalo, diesmal mit besorgter Stimme. "Du wirst noch wirr im Kopf."
Du kannst nicht mehr bestimmen! Ich habe gewählt! Jetzt bist du mein Werkzeug und sollst mir von Nutzen sein! Ich weiß doch längst, daß auch du nur ein Teil von mir bist! Du kommst nicht von außen, wie ich immer dachte, nein, du kommst aus mir heraus! Der Teufel der Kirchen ist ein großer eigennütziger Betrug, an dem die Menschen verzweifeln und zugrunde gehen! Ich will wissen, wer ich bin!
"Blick' nicht in dein Herz...es ist zu tief. Laß' das Geschehene in der Vergangenheit zurück, verdeckt, zugeschüttet, verdrängt. Bleib' in der Gegenwart, im Jetzt, denn Psyche hat sich gut verkleidet. Schau' nicht hinunter, blick' hinauf! Hilf mir!"
Und wieder hörte ich das Kind singen: "Schau hinauf und dir wird schwindeln ... lalalalalalala ... schau zu mir und du wirst

finden ... lalalalalalala ... du wohnst in einem Herz aus Glas ... aus Glas ..."
Ich wurde ganz ruhig.
"Gib dich hin ... lausche meiner Melodie ... dein Verstand kann dir nicht helfen ... und der Teufel, dein Dadalo, ängstigt sich sehr, denn hätte er Gefühl, wäre seine Macht gering, und er müßte wieder sein, was er einmal war ... ein Teil deines Gewissens. Bleibe ganz ruhig! Intellekt ist nur Ballast. Materie, schwer. Fall' hinab, verschaff' dir Klarheit ... lalalalalalala in den Tiefen deiner Wahrheit ... lalalalalalala"
Wo bin ich? Es ist so kalt! So unheimlich und duster! Es riecht nach Fleisch und Schweiß und Sperma. Es stinkt! Eine Schafherde. Ein Bild an der Wand. Ich liege im Bett, zwischen zuckenden Leibern! Wo bin ich? Mama! Papa! Warum helft ihr mir nicht?
"Hahaha! Hahahaha ... Hilf dir doch selbst! Schrei' nur nach deinen Eltern! Siehst du denn nicht, wessen Leiber zucken! Stöhnen! Da hast du deine Wahrheit, deine Klarheit!"

Nein! Dann waren es gar keine Träume, die ich als Kind so oft geträumt habe? Nein! Das darf nicht sein! Ich habe es erlebt, wirklich erlebt! Die Hexe, die mich in den Wald lockte ... in's Bett ... war meine Mutter! Mutter und Vater! Und über dem Bett ... das Bild mit den Schafen ... eine Schafherde. Und Jesus mit seinen Jüngern! Ich erinnere mich! Ein großes Bild in einem goldverschnörkelten Rahmen. Ich wollte in das Bild fliehen. Der Rahmen war die Tür. Aber Jesus und die Jünger waren Schlächter, waren in Trance und hielten lange Messer in den Händen! Mein Po tut so weh! Und über mir hängt diese fette, ekelhafte Banane.
Das Bild springt mit einem Knall in der Mitte entzwei, fällt von der Wand, fällt tiefer und tiefer ... und nach dreißig Jahren schlägt es neben mir auf dem Boden auf. Scherben. Gerissenes dickes Papier. "Du hast nur von Bananen

geträumt", höre ich Mutter. "Hör' endlich auf zu heulen! Sieh' dir diese Schweinerei wieder an! Das ganze Bett wieder naßgepisst! Das treibe ich dir schon noch aus! Freu' dich auf heute abend, dann kriegst du den Riemen, du kleines Schwein!
Dadalo sitzt immer noch in meinem Zimmer auf dem Sofa. Er hat feuchte Augen, ja, Dadalo weint. Der Teufel weint! Sogar er.
"Na ... willst du noch mehr?" fragt er mich.

Langsam stehe ich auf, mit zitternden Knien, mir ist so kalt, und ich nehme die alten Fotografien aus der Zigarrenkiste im Regal.
Vater mit seiner Schafherde. Ein junger, kräftiger Mann, viel jünger und kräftiger als ich heute, in wetterfestem Poncho, aufgestützt auf eine Schäferschippe. Den Verlust der Herde hat er nie überwunden. Als Vierzehnjähriger Junge war mein Vater durch eine geringfügige Ablösesumme an einen Großbauern verkauft worden. Für die nächsten Jahre besaß er nichts, außer der Arbeitskleidung, einem Schlafplatz, freie Verpflegung und jede Menge Milch jeden Tag. Er erlernte den schweren Beruf des Melkers. Im Laufe der Jahre wurden seine Hände unter den tausenden und abertausenden Eutern, die er zu melken hatte, schwielig und kräftig. Und mit der Einberufung zum Militärdienst als Siebzehnjähriger träumte er von Freiheit und der Schafherde, die er einmal besitzen wollte. Seinen Sold schickte er nach Hause, wo sein Vater nach und nach eine Schafherde zusammensparte. Nach dem Krieg wurde mein Vater Schäfer. Es ließ ihn den Krieg vergessen. Das beste am Krieg war die Gefangenschaft in Frankreich, hat mir mein Vater erzählt. Er war Bediensteter für allerlei Aufgaben in einer französischen Offiziersfamilie, bekam einen Anzug geschenkt und trank sonntags guten französischen Rotwein. 'Da ging es mir besser als heute',

hatte Vater mir einmal erzählt, damals, als er die vielen Überstunden in der Möbelfabrik schob. Vater war Schäfer und wußte seine Schäferstündchen zu genießen. "Mach' nur niemals eine Frau dick", warnte er mich als Kind immer wieder, "und mach' nie den Fehler und heirate, Junge." In dem Satz steckte alles drin. Vater war unglücklich und ich hatte zu seinem Unglück beigetragen, weil ich geboren war, weil es mich gab, und er in der Fabrik malochen mußte, um mich satt zu bekommen. "Schaff' dir niemals Kinder an!" Den Satz habe ich verinnerlicht und bin kinderlos geblieben.

Auf einer anderen Fotografie steht Vater von uns, von Mutter, mir, meinem Bruder, Vaters Schwester und einem anderen Mann umringt, vor dem Tor des Klosters Haina, der Irrenanstalt, wie es damals noch hieß. Er war aufgedunsen wie ein Luftballon und völlig versteinert. Ich erinnere mich genau an die vergitterten Fenster und Türen, an den Schlaf- und Aufenthaltsraum mit mindestens zwanzig festgeschraubten Betten, an die Lederriemen an den Bettgestellen und die Schreie, die immer wieder durch die Flure halten. Vater wurde mit Elektroschocks behandelt. 'Ich will hier raus', sagte er nur, 'Ich will zu meiner Herde.' Sonst sagte er nichts. Auf der Heimfahrt faßte der fremde Mann, der uns mit seinem Auto zu Vater gebracht hatte, meiner Mutter zwischen die Beine. Später habe ich die beiden einmal in der Küche erwischt, als Mutter auf seinem Schoß saß, und sie sich küßten. Mutters dicke weißen Brüste hingen aus der geblümten Kittelschürze. Der Mann kam immer zum Kartenspielen zu uns und blieb noch, wenn Vater sich schon schlafengelegt hatte. Mutter schickte meinen Vater in 's Bett - mit dem sei sowieso nichts los, sagte sie einmal zu mir - und ließ sich befummeln. Ich konnte das alles gar nicht verstehen. Und keiner gab mir Antworten auf meine Fragen. Ich schlief auf dem Sofa im Wohnzimmer und mußte immer so lange wach bleiben, bis Mutter ihr Fernsehprogramm beendet

hatte. Sie saß breitbeinig und fett im aufgeknöpften Nachthemd neben mir, und ich mußte ihr den Rücken kratzen, bis tief hinunter zum Arsch. In meiner Phantasie wurde ich zum Mörder: Ich konnte nicht widerstehen, konnte diesem Rücken einfach nicht widerstehen. Sie zogen mich magisch an, diese breiten, fleischigen Hinterseiten, diese weiße, wabbelige Haut, die ich durch die Stoffe, durch die Blusen und Mäntel hindurch, erahnen konnte. Ich roch die Ausdünstungen all dieser Rücken, selbst durch Felle und Tierhäute hindurch. Wenn ich einer Frau in 's Gesicht sehe, oder auf Hände und Arme, kann ich die Form ihres Rückens beschreiben. Voll Abscheu und Verlangen läuft mir das Wasser im Munde zusammen und ich bekomme eine Erektion, wenn ich nur an all die Fettansätze, an die Fettröllchen an den Taillen der Frauen denke, die im Rathaus-Cafe´ an heißen Sommernachmittagen das zweite Stück Sahnetorte verschlingen. Mit den Fingernägeln kratze ich über Muttermale und Pickel, grabe mich in Schulterblättern ein und besteige Achttausender. Es sind ja nicht nur die Rücken, in denen ich mich verliere! Es sind Landschaften, Gebirgszüge und Schluchten, Gletscher, Outlands! Ich schrumpfe zusammen und trete als bakterieller Winzling durch meine Fingerkuppen aus, um mich mutterseelenallein in diesen Rückenlandschaften wiederzufinden. Stellt euch einen zwanzig Meter hohen Fettwulst vor, eine Kraterpore, einen blutigen Eiterfluß, einen Lymphsee! Versucht, die Angst nachzuvollziehen, die sich meiner beim Anblick einer dreißig Meter langen rotblauen Gefäßentzündung bemächtigt.
"Du träumst wohl wieder! Kratz weiter! Weiter links und unten!", holt mich die Stimme meiner Mutter aus meiner Phantasiewelt auf 's Sofa zurück. Ich wachse wieder zur normalen Körpergröße zurück, aber vor mir der Rücken meiner Mutter ist immer noch riesig und brüllt mich an:

"Kratz mich! Los, kratz mich! Fester! Los, kratz mich schon!" Und ich gehorche und möchte ein Messer in den fettigen, schweißigen Rücken meiner Mutter stoßen und in meiner verzweifelten Wut grabe ich lange rote Striemen mit meinen Fingernägeln in diesen widerwärtigen Rücken und meine Mutter beginnt lustvoll zu stöhnen: "Ja! Ja! Fester, mein Junge! Oh! Du machst das so gut! So gut!" Unter ihrem ausgeleierten Nachthemd bewegen sich ihre Finger immer schneller und das Fernsehprogramm läuft und läuft und läuft. Vater schlief, mit Tabletten und Bier vollgedröhnt, gleich neben uns im Sessel.

Eine andere Fotografie aus der Zigarrenkiste zeigt mich im Lodenmäntelchen. Ich knie auf einer Wiese und halte eine Pusteblume vor mein Gesicht. Alles ist ganz gerade, wie ein gemeißeltes Denkmal. Hinter mir der Wald. Der Wald, in dem irgend etwas passiert war. Ich weiß nur noch von einer Uniform, vielleicht einem Förster oder Polizisten und es steckt etwas in meinem Po. Mein Gesicht ist ganz klebrig und spannt. Ich habe eine Banane vor mir liegen. Nein, der Mann in der Uniform wichst mir ins Gesicht. Den Geruch kenne ich! Ich will nie wieder in den Wald. Ein unschuldiger Junge im Lodenmäntelchen blickt in's Objektiv.
Auf einer weiteren Fotografie erkenne ich mich, zum Erntedankfest, als Schäfer verkleidet. In der Hand halte ich eine alte Schäferschippe meines Vaters, gerade so, als sollte ich seine Geschichte, seine Trauer, künftig mit mir tragen.
"Sie müssen leiden lernen ...", höre ich wieder die Stimme meines Analytikers. Fotografien ... Mutter löst Kreuzworträtsel, Vater sitzt an der vom Munde abgesparten Tretnähmaschine und näht sich Arbeitshandschuhe; ich finde ein Osternest; ich bin krank, liege im Bett, mir sind fast sämtliche Zähne ausgefallen - einfach gelb geworden und an einem Tag ausgefallen, hatte Mutter später gesagt - und ich

lächle zahnlos in Vaters alte Fotobox; Mutter im weißen Kommunionskleid, mit Spitzenschleier und riesiger ornamentierter Kommunionskerze, einem Monstrum, das aussieht wie ein Prügel; ja, und dann das Foto unserer alten Wohnküche, mit dem großen Küchenherd und dem gußeisernen Heißwasseraufsatz, daneben die Holzkiste, in der immer Splitterholz zum Anheizen gelagert wurde, dann die Tür zum Schlafzimmer, in dem ich mit meinen Eltern schlief. Es gab nur diese zwei Zimmer, kein fließendes Wasser, kein Klo in der Wohnung. 'Wenn der Eimer voll ist, dann ist's halb sieben'.

Neben der Tür hängt an einem in die Wand geschlagenen Nagel der nietenbesetzte Lederriemen, den ich so fürchtete. Deutlich ist er auf der Fotografie zu erkennen, sieht aus wie ein Barbierriemen zum Schärfen von Rasiermessern, nur eben nachträglich mit Nieten besetzt. Die hat mein Vater befestigt, erinnere ich mich jetzt. Aber Mutter hat mich damit geschlagen, immer zur bestimmten Zeit, bevor Vater von der Arbeit nach Hause kam. Er arbeitete damals gerade in einer Marmeladenfabrik, bis ihm ein volles Marmeladenfaß das Knie auskugelte. Immer zur bestimmten Zeit, einem Ritual gleich, nahm Mutter den Riemen von Nagel. Ich mußte die Hose herunterziehen und mich auf einen Küchenstuhl knien, den Oberkörper auf die Küchentischplatte legen. Dann schlug Mutter zu. Dabei murmelte sie undeutlich Worte und manchmal beschimpfte sie mich als kleines Dreckschwein. Ich durfte mich nicht umdrehen. Wenn ich weinte, wurde Mutter wütend und schlug fester zu und länger als sonst. Ich glaube, daß Vater davon wußte, aber nichts sagte. Auch ich erzählte es niemandem, da ich nur weitere Prügel fürchtete.

Neben der Tür zum Schlafzimmer ist die Zimmerecke mit einem Blümchenvorhang verhängt. Dahinter werden Besen und Kehrschaufel, der Putzeimer und der Pinkeleimer aufbewahrt. Daneben steht Vaters Nähmaschine. Manchmal mußte ich mich hinter den Vorhang in die Ecke knien, mit rohen Erbsen unter den Knien. Der Vorhang wurde zugezogen, aber Mutter prüfte zwischendurch immer, ob ich die Erbsen unter meinen Knien nicht entfernt hatte. Es war eine Qual. Schon auf dem Foto im Kommunionskleid hat Mutter diesen kalten Blick. Insgeheim nannte ich meine Mutter 'die Rächerin Gottes'. Gott war einsam, ohne Liebe und ohne Frau, hatte seinen Sohn schlachten lassen und ließ nun kleine Jungen von Müttern foltern. Mutter war kurz vor ihrer Heirat vom katholischen Glauben zum evangelischen konvertiert und sagte immer wieder, daß sie sich dadurch schuldig gemacht habe, aber sie wollte, daß ihre Kinder alle einen Glauben haben, den des Vaters, auch wenn es gar kein richtiger Glaube ist. Sie muß furchtbare Angst vor Gott gehabt haben, denn sie schlug immer ein Kreuz und bat ihn um Verzeihung, nachdem sie geflucht hatte und gesagt: "Wenn es dich gibt, warum läßt du mich dann so leben!" Ohne Heirat, ohne uns Kinder, wäre sie katholisch geblieben und unschuldig, dachte ich damals. Immer wieder erfuhr ich, daß ich irgendwie schuld bin am Unglück meiner Mutter, meiner Eltern. Gäb's mich nur nicht, dachte ich immer wieder. Und einmal, ich muß etwa elf Jahre alt gewesen sein, ging ich zum Bahnhof, vorbei an den Lagerschuppen, und legte mich auf's Gleis. Ich lag lange dort, aber es kam und kam kein Zug. Das Gleis war stillgelegt; Gott wollte mich weiterhin quälen; ich durfte nicht sterben. Der Tod wäre auch keine Lösung gewesen, da ich gleichermaßen Angst vor Gott und dem Teufel hatte, vor dem Himmel und der Hölle. Ich sollte immer nur bestraft werden, ohne zu wissen warum. Mutter hatte recht, wenn sie brüllte, daß das Leben zu nichts gut sei. Aber wäre es nicht ohne Mutter, ohne Eltern besser? Im Keller hatte ich, als ich wieder einmal dort eingesperrt war, einen Behälter mit Rattengift entdeckt. Davon füllte ich etwas in ein Glas um und schüttete es in den Suppentopf auf

dem Herd. Ich wollte meine Eltern vergiften. Aber ich bekam es mit der Angst und kippte den Topf vom Herd auf den Fußboden. Es war ein Versehen, erklärte ich Mutter, und bekam Prügel dafür. Ja, ich wollte meine Mutter umbringen.
Das Ritual mit dem Lederriemen gehörte fest in den Tag, und ich unterbrach mein Spiel im Garten, um mir meine Ration Prügel zu holen. Dann spielte ich weiter, bis Vater kam und wir zu Abend aßen. Viel später erkannte ich, daß ich nach festgefügten Mustern lebte. Meine Sexualität war von einem dieser Muster bestimmt. Meine Partnerinnen waren immer irgendwie meiner Mutter ähnlich, oft waren es ältere Frauen, obwohl ich diese Ähnlichkeit nicht wirklich erkennen konnte. Heute weiß ich, daß ich für meine Unterwürfigkeit geliebt wurde. Wahrscheinlich lebten auch meine Partnerinnen nach einem unbewußten Muster, und so kamen immer wieder zwei Menschen zusammen, die ihre Geschichte wiederholten. Ich achtete immer darauf, meine Freundinnen zuerst zu befriedigen, und wurde anschließend dafür belohnt. Anders funktionierte es gar nicht, dachte ich. Zwischendurch ging ich zu Prostituierten und vögelte sie von hinten, spritzte ihnen mein Sperma aufs Gesäß und auf den Bauch, und faßte sie fest dabei an. Ich unterdrückte sie spielerisch, ohne es zu erkennen. In meiner Phantasie fesselte ich Frauen und vergewaltigte sie. Dabei bekam ich große Schuldgefühle und war besonders unterwürfig gegenüber meinen Partnerinnen. Insgeheim beschimpfte ich sie als Nutten, was mir Lust bereitete. Meine Lust ging immer durch den Kopf. Während meiner Partnerschaften besuchte ich häufig Peepshows und onanierte in den Kabinen vor den Augen der Frauen. Mein Exhibitionismus bewegte sich immer in legalen Bahnen.
Als ich in Berlin lebte, traf ich E. wieder. Ich war ihr als Sechszehnjähriger, als ich noch in einer Kleinstadt wohnte, in einer Kneipe begegnet. Sie nahm mich mit in ihre Wohnung, aus Mitleid, wie sie mir später sagte, und weil ich sie mit

meiner Art an ihren Mann erinnerte, der zu dieser Zeit im Krankenhaus lag. Ich nahm an, daß sie mir eine Geschichte vorspielte und ihre Eltern verreist seien, denn sie sah so jung aus und die Wohnung war so konventionell eingerichtet. Wir schliefen miteinander und am nächsten Morgen fragte sie mich, ob ich es zum ersten Mal getan hätte. Aber ich war nur betrunken und müde gewesen, und das Ritual war ausgeblieben. Nach dem Frühstück zog sie mir die Hose herunter und begann, meinen Schwanz zu lutschen. Ich wehrte sie ab und streichelte lange und zärtlich ihren Bauch. Ihr Mann wurde bald aus dem Krankenhaus entlassen und wir trafen uns nicht mehr. In einem Kaufhaus in Berlin liefen wir uns über den Weg, als ich gerade Einkäufe für eine Griechenlandreise mit meiner Freundin machte. Es stellte sich heraus, daß E. nur eine Straße von meiner Wohnung entfernt lebte. Sie war geschieden und arbeitete als Tänzerin in einem Nachtclub. Sie wollte einmal einen Striptease nach Smetanas 'Moldau' tanzen, mußte sich auf der Bühne aber zu obszönen männlichen Phantasien vom Tonband bewegen. Nach der Griechenlandreise besuchte ich E. im Club, wir tranken viel und sie nahm mich mit zu ihr. In ihr sah ich die Prostituierte und die feinsinnige Frau, die Dichterin, die Heilige und die Hure. Ihr gegenüber benahm ich mich wild und zärtlich, aber wir trafen uns nur, wenn ich betrunken war. Besonders reizvoll fand ich es, mit ihr befreundet zu sein und trotzdem in einem Separee gegen Bezahlung mit ihr zu bumsen.

Mein ganzes bisheriges Leben lang wurde ich von großer innerer Spannnung bestimmt und von massivsten Schuldgefühlen, bis heute. Ganz langsam zerreiße ich eine Fotografie nach der anderen, gehe in's Badezimmer, wo diesmal keine Frau im Fleischblumenkleid auf mich wartet,

und verbrenne die auf Zelluloid gebannten Erinnerungen über der Kloschüssel.
„Du kannst die Erinnerung nicht verbrennen", sagte Dadalo, als ich zurück ins Zimmer komme. Ich setze mich neben ihn und umarme ihn.
„Wie kann ich nur das Kind befreien", frage ich Dadalo, den ich nicht mehr als Gegner erkenne.
„Da nicht zu übersehen ist, daß wir Partner werden", antwortete er, „gebe ich dir nur den einen Rat: Laß' es fließen! Laß' alles aus dir herausfließen! Ich gehe jetzt. Manchmal wirst du mich noch spüren; manchmal noch hören, aber fürchten wirst du dich nicht mehr vor mir. Ich danke dir! Als du kamst, warst du aus einem Stück und deine Wurzeln reichten in den Himmel; du warst einem saftigen jungen Stamm gleich und solltest Äste bekommen und Blüten treiben. Doch die Menschen in deiner Nähe wußten nichts vom Glück. Du bist beschnitten worden, verbogen, und dein Holz wurde gespalten. Sei traurig! Sei wütend! Lerne hassen! Trauer, Wut und Haß wirken aufbauend und reinigend, wie die Liebe. Deine Aufgabe ist es, zu erkennen, warum du traurig bist, wenn du es bist, gegen wen sich dein Haß richtet, wenn du haßt, und was deine Wut auslöst, wenn du wütend wirst. Du konntest schon erkennen, daß du ein Teil der großen Natur bist, von der auch ich nur wieder ein Teil bin. Meine Aufgabe war es und ist es noch, dich aus deiner Resignation hervorzulocken. Deshalb kam ich schon so früh zu dir, schon damals, als du in der Küche deiner Großmutter auf dem Boden saßest und ich vor dir tanzte. Damals trugst du Tauer, Wut und Haß in dir, zusammen mit vielen Fragen und mit der Liebe, die jeder Mensch mitbringt. Die Welt und ihre Wahrheiten sind um so vieles größer, als die Menschen erkennen. Du gehörst zu den Auserwählten! Erinnerst du dich an den Gesang des Kindes? 'Ohne Ahnen, ohne Erben, sucht meine Seele ihren Ort', singt es unentwegt.

Dieses Kind ist der ursprünglichste für dich erkennbare Teil von dir. Deine Mütter und Väter, deren du viele hattest, sind nicht von der sichtbaren Welt. Wer sich an die Verwandtschaft des Blutes so klammert wie an irdische Güter, wird von ihr zerstört. Schuld liegt nur auf dieser Seite! Du bist nicht ohne Ahnen und ohne Erben, denn du bist voller Ahnung, und nach deiner Zeit hier werden andere dich erahnen. Bleib' vorerst bei dem, was dich in Erdenzeit vom Glück trennt. Ein Trugschluß ist's, sich dem Schicksal zu ergeben! Dein Schicksal kannst du selbst bestimmen, denn du bist noch freier Geist. Glaube nicht denen, die alles im Gehirn mit Logik suchen. Auch nur ein Teil, ein Mittel, ein Mittler zwischen hier und dort, was schnell verschmilzt und als Ganzes sich erweist, als Eins. Wer sich selbst verleugnet, wird vom verdrängten Teil der Natur gebannt. Das ist's, was Menschen böse nennen. Nur daher kommt alles Verbrechen, aller Schmerz, der Krieg, das Morden, Unterdrückung und auch, was du erleben mußtest. Sprich es aus! Wenn du die Wahrheit verschweigst und in dir vergräbst, nimmst du sie mit! Ich weiß das sehr genau, denn ich bin ein Teil deiner Wahrheit. Ich bin die Kraft, die du als Böses gefürchtet hast, und war doch selbst die Furcht in dir. Laß' fließen! Menschen brauchen Bilder. Doch nun genug erklärt! Du bekommst erst neue Bilder, wenn du bereit warst, die alten im Nichts aufzulösen! Jetzt ist deine Zeit!“

Kein Dadalo sitzt mehr auf meinem Sofa. Ich bin allein im Zimmer. Aus meinem Badezimmer höre ich Stimmen; ein Chor toniert:

„Du bist wie wir
gehörst zu uns
willst im Traume fliehen
doch unser Traum
ist Wirklichkeit
um dich zu uns zu ziehen!“

„Nein, ich gehöre nicht zu euch! Bleibt, wo ihr seid! Verschwindet! Ich werde diesen Kreis verlassen! Ich mache nicht mehr mit!“
In der Zimmerecke sitzt das Kind. Immer noch gefesselt blickt es mir mit großen Augen in’s Gesicht. Es trägt keine Binde mehr vor den Augen, ist nicht mehr abgemergelt und mit Kot beschmiert, so wie ich es in der Unterwelt, tief unter der Erde, tief in mir, gesehen hatte. Es saß dort mit verbundenen Augen im Dreck und sang und summte immer nur die eine Melodie. Meine Eltern und die Eltern meiner Eltern hatten es gefesselt und ihm erzählt, es sei im Paradies und aus diesem Paradies sei kein Entkommen. Mein Gefühl! Und ich weiß, daß es nicht ein Paradies gibt, sondern unzählige, die wir selbst bauen! Mein Gefühl! Ich will das Paradies meiner Kindheit sprengen... mich befreien... mich befreien von der Angst, die mich gebunden hat...mein Gefühl! Ich will frei sein! Und dafür zahl’ ich jeden Preis! Sollen sie mich doch für verrückt erklären!

„Ich bin blind und bin gefangen
lalalalalalalalala
in einem großen Herz aus Glas...“

„Ich bin frei!“ schreie ich mit aller Kraft in mein Zimmer hinein. Meine Nachbarn sind gewiß erschrocken. Jedenfalls erntete ich nach diesem animalischen erbarmungswürdigen Schrei neugierige Blicke.
„Ich bin frei! Frei! Frei...frei...frei...frei...ich bin frei!“
In meinem Innern höre ich eine neue, sehr brüderliche Stimme, die mir doch irgendwie bekannt ist.“Du bist der erste in deiner Ahnenreihe, der es hinausschreit. Du kannst gehen! Nimm dem Kind die Fesseln ab. Du hast dein Gefühl zurück! Hüte es! Die zersprungenen Seelen kehren in den Kreislauf zurück und können neu wählen. Die Schatten gehören in's Schattenreich. Sei behutsam! Das Kind muß wieder laufen lernen. Das Kind kennt deine irdische Sprache nicht. Du bist erwachsen und nun der Vater und die Mutter deiner Gefühle, denn sieh', von überall her kommen die Kinder. Und lasse die Kinder zu dir kommen...lasse die Kindlein zu dir kommen...und liebe dich selbst! Damit beginnt deine Arbeit! Du wirst weiterhin Bilder sehen, sehr schmerzliche Bilder, und manchmal wieder und immer wieder dieselben Bilder. Und deine Kinder werden diese Bilder sehen! Mit offenen Augen stehen sie dir bei! Sie werden schreien und weinen und sich hinter dir verstecken wollen! Nur durch den Schmerz erwächst die Liebe!“

Ich öffne die Augen und sehe mich auf dem Rücken liegen. Ich liege in meinem Zimmer auf dem Boden. Alles um mich herum ist mir vertraut. Die Bücher in den Regalen, das Kiefernholzbett, die Wäschetruhe, der Fernsehapperat, die überall auf dem Fußboden verstreuten Manuskriptseiten. Mein Kopf schmerzt. Angetrocknete Kotze klebt an meinem Kinn, am Hemd, auf der Hose. Meine Augen brennen, und ich habe großen Durst. Ich muß schon lange hier liegen, denke ich, als sich eine Zimmerwand vor mir verschiebt und eisige Luft hereinweht. Ich bin bei vollem Bewußtsein. Ich weiß, daß ich bei Bewußtsein bin! Vor mir, hier und jetzt, sitzt meine Mutter auf einem Bretterklo! Und obwohl ich auf dem Boden liegen bleibe, sehe ich mich, wie ein Nebel, aufstehen und zur Mutter gehen. Ich lasse die Hosen herunter und stehe mit entblößtem Unterleib dicht vor meiner Mutter, dicht vor ihrem Gesicht, dicht, mein Geschlechtsteil direkt vor ihrem Mund. Hinter meiner Mutter steht ihr Geist. „Komm'! Gleich wird dir warm werden, komm'!", höre ich Mutter sagen. Sie zieht mich zu sich heran und nimmt meinen Schwanz fest in ihren Mund.

„Ja! Nimm' ihn dir!", spricht ihr Geist hinter ihr und blickt mir in's Gesicht. „Nimm' dieses Kind, dein Eigentum, dein Fleisch und Blut! Er gehört dir! Verschaff' dir Lust! Weg mit dem Frust! Saug' ihn aus und laß' dich lecken und schmeiß ihn weg! Gib ihm unser Zeichen! Zeichne ihn für's Leben! Mach' ihn zum Untertan der Frauen! So wie er mich gezwungen hat, soll er erniedrigt werden!"

Der kann doch mich nicht meinen! Ich, ein Kind, kann doch diese Frau nicht gezwungen haben! Zu was? Wann? Warum? Was soll das alles? Was geschieht mit mir?

Der Geist meiner Mutter zeigt mit ausgestrecktem Arm hinter mich, zeigt auf meinen Geist, der wie ein Nebel hinter mich gekrochen ist. Draußen rumpelt eine Straßenbahn.

Meine Mutter zwingt mich in die Knie und presst meinen Kopf zwischen ihre Beine. „Ich zeig' dir, wie das Leben schmeckt!"

„Ich bitte dich, gib's ihr nicht ein! Ich steh' in deiner Schuld, wie du in meiner, vorher schon!", höre ich das Gespenst hinter mir.

„Und davor schon warst du in meiner Schuld", entgegnet nun der Geist meiner Mutter. „Weißt du, wo ein Anfang ist? Ich weiß es nicht - und will auch nichts auf mir lasten lassen! Du hast mich gequält, auf freiem Feld geschändet, gemordet! Du warst Soldat!"

Ich verstehe nichts mehr. Da unterhalten sich, da streiten zwei Geister, der Geist meiner Mutter und anscheinend meiner, während ich vor meiner Mutter knie, die mein Gesicht an ihre blutende Fotze presst. Daneben stehen im Kreis die Kinder und beobachten, mehr neugierig als erschrocken, das Geschehen.
„Und du hast mich gepeischt“, höre ich mein Gespenst. „In finsterer Nacht, in dunklem Gewölbe, hast du mich gepeitscht, und ich mußte dir zu Diensten sein - so wie du mir, in einem and’ren Leben. Auge um Auge, Zahn um Zahn! Das ist das Gesetz!“

Meine Mutter stöhnt und zittert und fordert, sie fester und schneller zu lecken. Die Gespenster streiten sich darüber, wer wem zuerst Leid zugefügt hat, und ich erkenne plötzlich, daß dieses Spiel Jahrtausende alt ist, und ich mittendrin, mittendrin in diesem Irrsinn!
Mit festem Griff, entschlossen, der Geschichte ein Ende zu bereiten, plötzlich glasklar, befreie ich mich, drücke die wabbelnden Schenkel meiner Mutter auseinander, stehe auf, stehe aufrecht vor ihr - und schlage ihr fest, so fest ich jetzt kann, in’s Gesicht. Da ist nur Verwunderung.
„Du bist nur ein Bild!“, schreie ich meine Mutter an. Und Bilder kann ich verbrennen, ganz einfach verbrennen, schießt es mir durch den Kopf.

Der Schaden wäre größer gewesen, wären da nicht die Kinder an meiner Seite. Wir sitzen im Kreis auf dem Fußboden meines Zimmers. Nur der Teppich ist etwas angekokelt, und nur wenige Manuskriptseiten sind verbrannt. „Danke, Kinder! Danke!“, sage ich. „Kommt her zu mir, dicht an meine Brust!“ Ich schließe sie fest in meine Arme - und sie dringen in mich ein, mit einem kleinen stechenden Schmerz kriechen sie in meinen Brustkorb und breiten sich dort aus...

Ein adrett gekleideter grauer Pavian entsteigt der U-Bahn am Kottbusser Tor. Er tritt geradewegs auf mich zu und blickt mich mit freien Augen an. Ich frage ihn nach seinem Namen und ob seine Außergewöhnlichkeit nicht auffalle. Er antwortet, daß er schon viele Jahre in Berlin wohne und diese Strecke, die Linie 1, hundertmal am Tag fahre. Er gehöre zu den Sehenden, kenne viele Tricks und dazu das Telefonbuch auswendig. Ich prüfe ihn und frage ihn nach der Nummer der Menschen, worauf er mich auf mich selbst verweist und mir zuflüstert, er sei eigentlich gar kein U-Bahn fahrender Pavian, sondern nur ein Teil meiner Freiheit. Er steigt, ohne sich nochmal umzusehen, in die nächste Bahn und läßt mich verwundert stehen. Meine Freiheit verschwindet im Schacht. Und als ich hinterherrennen will, knalle ich mit dem Kopf gegen eine unsichtbare Wand. Kleine braune Teddybären regnen auf den Bahnsteig und durch eine gekachelte Unterführung kriecht ein riesiger weißer Arm, den ich sofort als den Arm meiner Mutter erkenne. Die Altersflecken auf der Riesenhand blühen auf, werden zu Augen, zu hunderten von Augen, die mich strafend und fordernd zugleich zu sich hinziehen. Durch den Haupteingang, die breite Treppe hinunter, quillt ein Fuß, und eine Hammerzehe zertrümmert die nebenstehende Rolltreppe. Über mir, auf dem Kottbusser Platz, quietschen Reifen und Autos hupen. Meine Mutter muß den ganzen Kottbusser Platz ausfüllen, schießt es mir durchs Hirn, und sie wächst und wächst stetig. Die Beleuchtung flackert, Metallverstrebungen bersten krachend aus dem Beton, die Augenhand greift, nur noch wenige Meter entfernt, nach mir. Kein Entkommen mehr. Gleich hat sie mich.

Immer wieder schrecke ich in dieser Nacht auf. Immer wieder kann ich mich gerade noch retten, denke ich. Doch da

ist keine Rettung. Ich nehme den Schrecken mit in den Tag. Die Zeit heilt alle Wunden, heißt es. Alles Lüge!
Ich sitze im Bett, starre ins dunkle Zimmer. Ein Teddybär fliegt vorbei, mit viel zu großen Augen und einer Frage im Gesicht. Wohin? Die Liebe hat ihm das Fell ausgekämmt und nun ist er nackt. Eine hölzerne Wäscheklammer klemmt ihm ein Schweigen aufs zarte Teddymaul. Die Jahre dehnen sich. In meinem Zimmer ist der Teufel los. Aus der Wand wächst ein knorriger Birnbaum, an dessen Ästen Kinderherzen hängen. In meinem Kopf hupt ein Spielzeugauto. An der Schranktür klebt ein Margarinebrot. Aus meinen Knien sickert Blut. Mutter steht mitten im Zimmer und schlägt meinen Schutzengel ans Kreuz.

Ganz ruhig bleiben! Das passiert eben. Das kenne ich doch. Kein anderer Mensch kann das sehen, keiner glaubt mir, außer vielleicht der Psychiater. Doch selbst der meldet Zweifel an. Ich werde ihn nicht mehr konsultieren, der kann mir auch nicht helfen. Seine Scheißtabletten soll er sich in den Arsch stecken! Ich bin nur ein wenig verrückt, ein bißchen offen momentan. Es wird schon hell, draußen klappern schon Garagentore. Da sind irgendwo Menschen, die zur Arbeit fahren. Alles bewegt sich wie immer, scheinbar, nur bewegt sich hier mehr. Die Knie bluten nicht wirklich, auch wenn ich das Blut schmecken kann, sagt der vernünftige Menschenverstand. Und wenn sie wirklich bluten, dann bluten sie eben. Jetzt ziehe ich mir eine Hose an und setze mich an die Schreibmaschine. Ich lege eine ganz private Beweisakte an. Durchatmen. Eins, zwei, drei. Ich bin ein ganz durchschnittlicher Mitteleuropäer. Ich denke schon. Papier einspannen und Finger suchen. Alle noch da, alle noch dran. Ich kann klar denken!. Ich kann klar denken!

Bilder, die scheinbar aus dem Nichts entstehen, erzählen immer Geschichten. Als lästiges Etwas, weder schön noch schrecklich, bleiben sie uns und klinken sich oft genug gerade dann in unser Leben ein, wenn wir meinen, sie nicht gebrauchen zu können. Ganz anders als im Kino, bleiben wir nicht Betrachter, sondern werden ins Hologramm zurückbefördert. Und ob wir wollen oder nicht, bleibt diese Zwangsmaßnahme die einzige Möglichkeit, unsere Angst zu absorbieren. Falls ich mich nicht täusche, ist das der Sinn unseres Lebens. Der Sinn oder Zweck, oder was auch immer, ist, die Angst zu verlieren. Jedenfalls scheint das meine Lebensaufgabe zu sein, da werde ich immer sicherer. Und je deutlicher mir diese Tatsache wird, desto blödsinniger scheint mir jedes gefundene Wort. Hinter jedem Wort steht noch ein Wort, drüber, drunter, mittenzwischen, überall Wörter, Begriffe, Deutungen, Vermutungen, Befehle, die sich bekämpfen, vereinen, verzetteln, manchmal jegliche Verantwortung von sich weisen, die kichern und höhnen, die streiten und streiken, mir einen Vogel zeigen, ein Brett vor dem Kopf nageln, sich in Gezeiten schlängeln, vergessen, vermessen, abartige obszöne Geräusche, gurgeln, ächzen, schnappen nach Luft, und Luft kringelt sich vergnüglich, plustert sich auf und bläst mir ins schweißnasse Gesicht: "Du bist doch selbst nur ein Wort! Ton, Ton, aus Tönen bist du gemacht, du Blödhammel!" Und da ist sie wieder, die Angst, meine höchstpersönliche Angst, die mir, in ihrer geschickten Verkleidung, als bloße Erinnerung, den Kampf angesagt hat. Aber nicht genug damit. Es ist, als hätte ich sechs Nadelkissen gefressen. In meiner Brust breitet sich ein Tohuwabohu aus, so entsetzlich fröhlich, so wild, so jung und ungestüm, so klar sind diese Kinderstimmen, diese gefundenen Gefühle in meinem dafür viel zu engen Körper, daß mir schwarz vor Augen wird und ich glattweg vom Stuhl kippe. „Kampf ansagen! Worte schlagen!", höre ich noch die

Meute brüllen und ein besonders schrilles Kerlchen schreit mir hinterher: „Heute ist Gebuuuuurtstag!“

Ich weiß, daß ich gerade in eine Ohnmacht gefallen bin. Ich weiß es ganz genau. Ich bin vom Stuhl gekippt, bin auf den Teppich geknallt, meinen blau-weißen Ikea-Teppich, und da liege ich in tiefer Ohnmacht. Wahrscheinlich bin ich soeben gestorben. Aber nicht die erhoffte Ruhe nach dem Schmerz breitet sich aus, sondern ich fühle mich wie eine Batterie in einem Ladegerät ohne Überspannungssicherung. Randvoll, bewege ich mich auf einer Art Möbiusschem Band und wechsele wieder einmal völlig unvorbereitet, von der Außenseite auf die Innenseite. Ich bin tot und schiebe einen leeren Einkaufswagen durch einen Supermarkt. Beim Fertigsuppenregal rollt mir eine Badewanne entgegen, rollt in mich hinein, und ich bin der kleine Junge, der in der Badewanne experimentierend seinen Urin trinkt, nur um festzustellen, ob er aus sich heraus existieren kann, sich selbst genügend. Auf der Wiese neben mir wird Kindergeburtstag gefeiert. Die Kinder spielen Blindekuh und auf jedem Kinderkörper sitzt mein Kopf. Ich schiebe meinen Wagen weiter durch die endlosen Schluchten des Supermarktes. ‘Alles unter Kontrolle’, kann ich auf einem Schild lesen. Niemand kann mir mein intensives Erleben ansehen. Und es bliebe auch gleichgültig, denn die wenigen Leute, die sich stierenden Blickes wie ich durch den Supermarkt bewegen, blicken allesamt durch meine Augen. Ja, es gibt nur dieses Augenpaar, in einem kleinen Gesicht, unter einem großen Schwanz, diese mit Urin ausgespülten Kinderaugen, die sich in einen indischen Körper flüchten, der auf einem weißen Elefanten durch die Fußgängerzone dieser verfluchten Kleinstadt reitet, in der ich mit niemandem reden konnte. Der einzige, dem ich nicht mißtraue, bin ich. Die Forderung lauert hinter jeder Ecke. Ich bin ein Kind und zerteile meinen

Körper in zwei Hälften, die im Dialog zwei gänzlich verschiedene Positionen vertreten, und ich bin als Dritter, als Neutralisator, anwesend, trage ein Schutzschild gegen die Norm. Eine schwierige Aufgabe ist es, auf einem Elefanten durch die Fußgängerzone einer Kleinstadt zu reiten, und dabei völlig unauffällig zu bleiben. Ich fühle mich wirklich etwas überfordert, witzele ich mir zu, die andere Hälfte nickt, und dabei weiß ich, daß nur meine Verletzlichkeit mich zersplittert, mich die Dimensionen wechseln läßt, und mich in Situationen manövriert, die ich erst, wenn ich mich darin befinde, kontrollieren kann.

„Du bist wirklich etwas überfordert", rotzt mich der Bengel von vorhin an, der, der gerufen hat: „Heute ist Gebuuuuurtstag", und rüttelt mich aus meinem Tod. Ich bin nicht hart gefallen. Mein Ikea-Teppich ist weicher, als ich dachte, und seine Hundertmark wirklich wert. Kein Mensch im Zimmer, kein Elefant, keine Kindermeute, und trotzdem Gebuuuuurtstag, ja, genau das weiß ich in diesem Moment und ich bin doch ernst und denke, die Bilder entstehen aus mir heraus, ohne daß ich sie provoziere. Ich bin vielmehr die Provokation, die Spannung, die Batterie. Ich werde geladen, voll und voller, über die Jahre, ohne mich entladen zu können. Alle Energie fließt wieder nach innen ab, wobei sich die negative Energie potenziert und mich zur Zeitbombe macht. Keiner kann nachweisen, ob und wann ich eine Gefahr darstelle. Mein Name ist Borderline.

Während in mir die Achterbahn tobt, bewege ich mich langsam und bin auf Symmetrie bedacht. Symmetrie und Staub bestimmen mein Befinden in hohem Maße. Staub im Regal, auf der Tischplatte, auf dem Fußboden, versetzt mich in Unruhe. Immer noch, immer wieder. Ich brauche alle Gegenkraft, um den Staubsauger in seiner Ecke zu lassen, und es strengt mich an, Gegenstände im Zimmer asymnetrisch anzuordnen. Die Hände werden zu Automaten, werden fleckige Frauenhände, die Hände meiner Mutter, die rechts ins Regal eine Vase stellen und links ins Regal eine Vase stellen und in die Mitte eine Kerze. Rechts zwei Tassen, links zwei Tassen, in die Mitte einen Krug. Rechts zwei drei. Links zwei drei. Zwei rechts, zwei links, zwei fallenlassen. Rechts eine gescheuert, links eine gescheuert, und eine mittendrin in die Kinderfresse! Meine Alte sitzt mir im Genick. „Bei mir kann man vom Fußboden essen!" Und ich kotze links eine Lache und rechts eine Lache und pisse genau in die Mitte. Hörst du mich! Ich pisse mitten in dein Ehebett, in dem du allein und fett liegst und dir den Wanst mit Pralinen stopfst! Sogar die Blumen auf Vaters Grab hat sie wie Soldaten gepflanzt, diese alte Schlampe, die sich die blutigen Damenbinden vor meinen Augen in der Küche wechselte, die einen Waschlappen für Gesicht und Unterleib benutzte und mir diesen Lappen anschließend gab, mit dem ich mein pickeliges Gesicht reinigen mußte. Diese gute Mutter und Hausfrau wienerte den Küchenboden mit dem Geschirrtuch. Sie ging, ohne ihre Gebißprothese einzusetzten, zum Elternabend. Sie betrog sich selbst und mich beim Lösen von Kreuzworträtseln, indem sie die Lösungsworte aus dem Auflösungsteil am Ende des Heftes herausschrieb. Sie lauschte an fremden Türen. Sie versteckte den Badezimmerschlüssel, um mich beim Onanieren zu überrraschen. Und ich habe sie immer wieder bedauert und entschuldigt, habe ihre Lebensgeschichte zum Maß genommen, um das Gute in ihr zu finden, und selbst als ich ihr die Möse lecken mußte, habe ich die Schuld auf mich genommen. Alles ist zu Bildern geronnen, zu Gleichnissen verkommen, und tief in mir versunken. Es ist nicht, was nicht sein darf. Und tiefer und immer tiefer ist es in mir hinabgeglitten, bis es düsteres Märchen wurde, aus einer anderen Welt, nur ein Rest, eine Hölle in mir, ein Gedanke, der nicht einmal mehr gedacht werden durfte, so verwerflich, so böse in mir. So ein böses Kind. So eine gute Mutter. Die blutigen Binden werden zu Hostien. Maria, ich lecke dir die Fotze rein! Aus dir fließt alles Gute dieser Welt, du große Mutter, und der Mann im Wald ist ein Priester, der geweihtes Wasser auf mein Haupt spritzt. Ich bin schuldig. Ladet ab! Ladet ab! Presst alles Böse dieser Welt in mich hinein, bis mir der Arsch platzt. Ich bin ein kleiner Christus, mein Weg ist vorbestimmt. Mutter Gottes! Gott! Vater! Ihr bestimmt meinen Weg, mein Schicksal ist die Errettung aller Kinder dieser Welt, der lebenden wie der toten. Amen.

Bilder. Diese Bilder. Ich dachte doch wirklich, ihr würdet mir die Spulwürmer aus dem Hintern ziehen als ihr hinter mir knietet. Ich spürte den liebenden Finger im Arschloch, den Finger, der mich vom quälenden Jucken befreit. „Mach die Augen zu, Junge, und beiß die Zähne aufeinander! Das muß jetzt sein, sonst wandern die Würmer zum Herz und du mußt sterben." Aber der Mann neben Mutter war nicht der Doktor von nebenan, nicht der Arzt, der mir später einmal erklärte, ich würde die Krankheit meines Vaters erben und verrückt werden. Bis heute weiß ich nicht, wer der Mann war, der Mann, der mir immer Bananen schenkte und sagte, ich müsse sie essen, um nicht klein zu bleiben. Mutter sagte nur, es sei der Doktor. Dann taten sie das gegen meine Würmer und schickten mich hinaus. Und einmal hat mich der Doktor mit in den Wald genommen. Er ist nicht erst hinzugekommen. Er war schon da und wir haben dieses Spiel gespielt. Und ich habe nicht geweint. Er war kein Förster und er war nicht Arzt. Er trug eine Uniform. Ich glaube, es war der Polizist, der meinen Vater blutig schlug. Vater war wieder einmal besoffen und wollte sein von der Arbeit mitgebrachtes Brot in der Eckkneipe verzehren, hatte aber kein Geld mehr für

Bier. Und er weigerte sich, die Kneipe zu verlassen. Ja, ich glaube, es war dieser drahtige Polizist, der mir die Bananen schenkte, und der meinen Vater vor die Kneipentür zerrte und ihm das Gesicht blutig schlug.

Nach Jahrzehnten wandeln sich Vermutungen und Ahnungen zur Gewißheit. Ich erinnere mich an den Namen des Polizisten, sehe ihn genau vor mir. Im Telefonbuch finde ich seine Nummer, rufe dort an, und eine Frau sagt: " Mein Vater ist vor zehn Jahren gestorben. Was wollen Sie von ihm?" Nichts. Ich lege auf. Er ist tot. Mein Vater ist tot. Die Zeit hat alles erledigt. Nur Mutter lebt noch, wohnt immer noch in dieser erbärmlichen kleinen Stadt. Ich war fünf, als wir dorthinzogen. Die Stadt schminkte sich gerade. Ein Bagger reißt die Straße vor unserem Haus auf. Vergangenheit und Erinnerung werden kanalisiert. Geschichte wird wie die Bäche begradigt. Mutter hat mich mit meinen Fragen in den Keller gesperrt. Durch die Kellerluke schaue ich den vorübergehenden Frauen unter die Röcke. Auf Hinterhöfen werden Plumpsklos abgerissen. Unser Bretterklo wird noch einige Jahre stehen und mir zur Folterkammer werden. Die Stadtmauer wird betoniert, der Flieder verbrannt. Ein Haarschnitt kostet fünfzig Pfennige und ich sehe aus wie ein Abziehbild, wie eine Miniatur Adolf Hitlers. Keiner hier weiß, daß Kinder heilig sind. Die Judengasse heißt jetzt Adenauerweg. Im Stiegenhaus riecht es nach Bohnerwachs. Eine Hähnchenbraterei hat eröffnet und ich habe Angst vorm Butzemann und vor allen Frauen.
Das Hakenkreuz am Kreisamtshaus ist längst abgemeißelt. Einige alte Männer tragen noch ihre langen grauen Militärmäntel. Im Eiltempo wird vergessen. Das merke ich schon als Kind. Über der Vergangenheit hängt ein Nebel und über meinem Bett ein Schutzengel. Der Engel ist so fett wie meine Mutter. Alles ging so schnell vorwärts, nur mein

Gefühl kam nicht mit, war stumm, im Keller gefesselt, und ich bin irgendwie gewachsen. Ich sitze allein im Fesselballon meiner Wahrheit, blicke auf das Grün unter mir, die Menschen, ganz klein und unerreichbar. In einem serbischen Lager wird ein zwölfjähriges Mädchen vergewaltigt. Eine furchtbare Kruste spannt über dem Feuerball. Dort unten glauben sie noch an ihre Zukunft, wo ich Untergang sehe. Das Mädchen stirbt an den Folgen der Mißhandlungen. Fünfzig Männer sind über sie gestiegen. Jetzt wird sie in ein Tuch gewickelt. Wer trägt schwerer an der Wahrheit als jene, die sie nicht aussprechen können, frage ich und fliege mich hinter den Wolken frei. Dreitausend Menschen schauen zu, wie das geschändete Mädchen verscharrt wird und hoffen auf Erlösung. Und ich sitze hier und weiß nicht, was ich sagen soll, weiß nicht, ob ich diese dreiundsiebzigjährige Frau zur Verantwortung ziehen oder sie töten soll. Meine Mutter und doch nicht meine Mutter. Zwischen uns besteht ein biologischer Zusammenhang. Mit dem Alter werde ich ihr immer ähnlicher, bekomme ihr Kinn, ihre Augenbrauen, ihre Nase. Ich sehe ihr jeden Tag ins Gesicht. Und ich sehe hindurch, tief hinein in den Spiegel. Aus einer silbernen Trompete fallen Tränen in meinen Abend. Nebenan heizt Kafka den Kanonenofen an. Ein Stück dieses Tages war mit fragloser Liebe durchtränkt. Meine Frau hat mein Gesicht gestreichelt, hat etwas gesagt, was ich nicht verstanden habe. Sie war hier, zwischen meinen Bildern, hat sich zu mir aufs Bett gelegt, mittags, es war heiß und zäh im Zimmer.

Draußen auf dem Garagendach schlief eine dicke Katze. Ich werde nie lieben können. Und eine Hand greift in mein Herz und befingert diesen alten Knoten. Ich liebe Dich, habe ich ihr zugeflüstert, als sie so neben mir lag. Der Silberklang der Trompete wird blechern und mit dem Verstand schwindet die Reue. Ich kann doch gar nicht lieben, verstehst du, aber ich will, ich will, daß mit den Worten, mit dem Klang, den

Tönen, die Wahrheit kommt. Ich schaue dich an und sehe ein Neugeborenes. Noch an der Nabelschnur wird es von Satanisten gefressen. Und ich sage dir, daß ich dich liebe. Und ich mühe mich. Ein blauer Kindertraum liegt im Sandkasten der Zeit.

Ein Kartoffelkäfer spielt Karten. Das ist meine Welt, meine verrückte Wahrnehmung. Liebste! Bist du noch bei mir? Die Geschichte bleibt ein beliebiger Punkt auf einem Kreis. Ich bin müde, so müde, und das Mädchen mit den Schwefelhölzern tanzt in neuen Kleidern durch meinen Kopf, tanzt wie die Nachtclubtänzerin in Berlin, streift im Drehen nach und nach die Kleider ab und löst sich nackt, wie dünn sie ist, in den Boleroklängen auf. Sie tanzt im Himmel weiter. Ich strecke meine Arme weit vom Körper, recke mich. Heute soll es mir egal sein, wie oft ich schon gelebt habe. Hauptsache, ich habe Tabak. Ich werde meiner Frau zuhören und staunen, daß es viel mehr gibt als nur meine Geschichte. Ich werde staunen über die Ruhe im Chaos der Gefühle. Ich habe keine gefälligen Fragen. Hinter den Antennen versinkt die Sonne. Ich lege meine Kleider ab. Auf meinem Sofa sitzt ein Engel und schlägt die leeren Seiten eines Buches um und lacht. Ich weiß, daß ich nicht töten werde. Eine blöde Symphonie umspannt die Erde, diesen runden Klumpen Blutsauce. Ich nehme Abschied von den Formen, von Vergänglichkeit und Wiederkehr, vom Gottesbild, und bin entschlossen, nicht zurückzukehren. Hinter Wort und Ton will ich bleiben.

„Das wollen wir doch alle", flüstert mir Dadalo ins linke Ohr. Ach, Dadalo, da bist du ja wieder. Vielleicht bist du der einzige, der mich verstehen kann. Bist doch mein Freund. Manche Tage sind wie die Ewigkeit und es gibt kein Entrinnen. Und andere Tage sind schon gewesen, bevor sie begonnen haben. Die Zeit ist kein Maß für mich, Vergangenheit und Gegenwart vereinen sich schamlos vor meinen Augen. Aber ich sehe nicht nur mit den Augen. Siehst du, Dadalo, da schläft meine Liebste neben mir. Sie glaubt, mich zu kennen, und weiß doch nur, was ich ihr erlaube, zu wissen. Oder spürt sie doch viel mehr? Beginnt da die Liebe? Beginnt die Liebe hinter der Haut, hinter den Wörtern? „Ich kann nur mit dir schlafen, wenn ich dir nahe bin". Aber ich spüre die Nähe, wenn ich in sie dringe. So verschieden sind wir. Vielleicht denke ich mir die Liebe auch nur, vielleicht bin ich ein Tier und lebe den Trieb, ohne daß Seele und Geist anteilig werden. Darf ich dann bei ihr sein? Ist das nicht schon Betrug? Ich sehne mich nach Zärtlichkeit und will zärtlich sein, habe aber den schnellen Sex im Kopf, wie ein Straßenköter will ich von hinten rammeln, im Wald, auf dem Küchenboden. Ich will den sauberen Küchenboden meiner Mutter entweihen. Einen Bananenbrei auf deinen Körper schmieren und mein Sperma dazuspritzen. Ich habe Lust, dir ins Gesicht zu schlagen, während ich dich vögele, - und doch will ich dich lieben. Die Wahrheit ist so grausam. Ich zucke zusammen, wenn du mich streichelst, Liebste. Ich habe Angst vor den Berührungen, habe Angst vor dir. Mit jedem neuen Erkennen, daß ich dich zwingen und besitzen will, will ich auch fortlaufen, flüchten vor dir, vor deiner Welt und deinen Empfindungen. Du schläfst so friedlich neben mir. Habe ich dir schon erzählt, wie ich als Junge immer wieder ein Messer an meinen Pimmel gesetzt habe, in der Absicht, mich von diesem Ding zu trennen? Da sitzt die Schuld, habe ich gedacht. Und heute kenne ich die Symbolik, weiß, daß die Banane der Männerschwanz ist, und weiß, daß Bananenstaude nichts anderes symbolisiert als meine Angst vor Männern, vor meiner eigenen Männlichkeit, an die ich mich klammere, weil meine Angst vor der Frau in mir noch viel größer ist als die vor meinem sichtbaren Äußeren. Das hilft mir kein Stück weiter. Bleibt denn wirklich nur die Isolation? Oder bleibt als Alternative nur das Spiel, das

Gedachte, das Vorspielen falscher Tatsachen, das Nachahmen und Kopieren? Mein Leben ist doch ganz anders! Ich bin doch nur zur Hälfte hier. Und es ist so anstrengend, nicht gänzlich zu verschwinden, hinein in diese Nebelwelt, in der wieder andere Zwänge herrschen. Bleibt mir nur wieder der Suff, um zu vergessen? Vergessen auf Zeit. Dieser Selbstbetrug, den ich siebzehn Jahre lang praktiziert habe, bis ich mit Geschwüren übersät, völlig vereinsamt, auf der speckigen Matratze in meiner Berliner Wohnung lag, um zu sterben. Aber sterben ist gar nicht so einfach. Zuerst hielt ich mich noch für ein Genie, von allen unverstanden. Ich spielte einen Lebenskünstler, der Arbeit als Sklaverei interpretierte, der das Leben nach außen verlagerte und durchs Geschehen extrovertierte, zum Spaß der anderen, ein bunter Hund, der mit dem Schwanz wedelte, zu jeder Schweinerei bereit, in der Annahme, ich hätte nur dieses eine Leben, und es sei sowieso alles egal. Ich wußte nicht, das Gleichgültigkeit Mut voraussetzt. Ich kaschierte meine Erlebnisse und verdrängte, was auch immer an die Oberfläche zu gelangen versuchte. Ich baute mir immer neue Hindernisse auf, die ich zum artgerechten Überleben benötigte, ohne zu wissen, daß Leben noch anderswo ist. Alle Genies verfallen der Trunksucht, war meine Devise. Und ich übersah, daß alle vorgegaukelte und geschaffene Freiheit doch nur Abhängigkeit bedeutete. Nicht nur die alltäglichen Zwänge wie Atmen und Verdauen strengten mich nun an, sondern der Alkohol hielt mich fest in seinen Krallen und bestimmte jegliches Handeln. Ich kotzte und zitterte mich durch die Jahre und selbst die Suizidversuche endeten kläglich lächerlich, da mein Körper schon resistent war. Ich stand Körperlähmungen durch und wachte immer wieder aus einem Tablettenkoma auf, mit dem großen Verlangen, meinen hohlen Körper mit Schnaps aufzufüllen. Ein Stromschlag schleuderte mich in die Ecke und irgendwann

wachte ich aufgedunsen auf und hatte Durst. Ab und zu wurde mein Magen ausgepumpt und ich hatte Platz, um nachzutanken.
Ich hatte keine Freunde mehr, nur noch die Angst, diese unbestimmbare Angst vor Menschen, vor dem Tag, dem Licht, vor jedem Geräusch, vor mir selbst. Ich lag auf der Matraze, um zu verhungern, hatte nur noch einen Rest von sechs oder acht Flaschen Rum, den ich mit kaltem Leitungswasser verlängerte, da ich wußte, daß ich nie wieder Nachschub beschaffen kann. Ich hätte lieber Grog getrunken, aber das Gas und der Strom waren abgeklemmt, die Rechnungen nicht bezahlt. An der Wand pinnte das Kündigungsschreiben der Wohnungsbaugesellschaft. Fristlose Kündigung wegen mehrerer ausstehender Mietzahlungen. Meine Tür hatte ich mit Schlössern und Riegeln gesichert und noch den Küchentisch davorgeschoben. Andere Möbel besaß ich nicht mehr. Alle beweglichen Gegenstände waren nach und nach beim Trödler gelandet, alle Bücher verkauft, selbst die Trommel aus der alten Waschmaschine hatte ich in eine Second-Hand Reperaturwerkstatt geschleppt, für ein Sechserpack von Aldi. Ich besaß noch eine zerrissene Hose, einmal Unterwäsche und einen Pulli. Und es war kalt, war Winter. Meine Tagebücher hatte ich verheizt. Nichts sollte bleiben, außer meinem verhungerten Körper und dem Meer von leeren Flaschen. „Phantasie und Wirklichkeit sind nur durch eine gedachte Linie voneinander getrennt“ stand auf meine Tapete gepinselt. Henry Miller hat es verstanden, seinen inneren Irrsinn zu kontrollieren, indem er seiner Geschichte die Fantasie hinzugab, und alles niederschrieb. Ich aber kann nichts gezielt hinzugeben. Meine Fantasie ist keine Fantasie, ist so greifbar wie andere Wahrnehmungen, ist Wirklichkeit, die ich riechen und schmecken kann, die mir Schmerzen bereitet. Aber ich bin nicht leidensfähig, sagt mein Therapeut. Was immer er damit auch meint, er will es mir nicht erklären.

Wahrscheinlich ist Miller nicht mißbraucht worden. Für mich ist das Leben eine Warteschleife. Ich bin am 5. August 1955 gestorben und hierher geboren worden. Ich warte auf ein Boot, das mich zurückbringt. Worte, nichts als Worte. Dahinter liegen unaussprechliche Gedanken und dahinter die Formlosigkeit, die Mutter Sophia, die mich nicht festhalten wird, während ich von einem Polizisten gefickt werde. Was war es denn bisher, wenn nicht warten? Jetzt liege ich hier, Eisblumen am Fenster, wieder Eisblumen, und will verhungern. Bruchstücke meines Lebens ziehen an mir vorbei, holen mich ein, so wirklich, so ganz, daß ich den Hunger vergesse. Im Zimmer steht ein Engel, eine Mischung aus Josephine Baker im Bananenröckchen und einer Mutter Gottes aus Porzellan, so wie sie in der Kirche von Werretal stand. Unten in ihren Schlitz wurden Münzen gesteckt und es spielte eine Melodie. Fast bin ich glücklich, irgendwie verklärt. Ich muß es lediglich schaffen, noch vor dem Räumungstermin zu sterben. Wie lange kann ein Mensch so liegen?

„Lange. Bei dem einen geht es schneller, beim anderen dauert es. Du hast aber noch die gute Chance, zu erfrieren, bevor du verhungerst."
Bumms! Das ist Bumms, mein guter alter Freund Bumms. Er wurde so genannt, weil er immerzu Blähungen hatte. Vor drei oder vier Jahren ist er mit seinem besoffenen Kopf rückwärts auf eine Bordsteinkante geknallt und war sofort tot. Schön, daß du mich besuchst! Schön, daß du von drüben kommst, um mich zu holen! Er schaut sich um und sagt: "Scheiße! Deine Anlage hast du auch verkauft. Ohne Musik kein Spaß. Ohne Spaß keine Begleitung nach drüben. Sorry!" Er dreht sich um und verschwindet durch die Wand. Typisch Bumms. Ich kann ihm nicht einmal böse sein. Zu welcher Party er wohl jetzt geht? Seine Urne ist mit in ein schon vorhandenes Grab gekommen, das Grab seines Onkels, mit dem er zu

dessen Lebzeiten nichts am Hut hatte. Ich mußte erst in einem dicken Friedhofsbuch blättern, um zu erfahren, wo ich seine Asche finde. Kein Grabstein, kein Holzkreuz, kein Wort erinnert an ihn. Ich liebe dich, Bumms, wo immer du jetzt auch hingegangen bist. Momentan biete ich dir wirklich keinen vergnüglichen Anblick. Bei dir gings schneller. Ich weiß noch, wie du heulend angelaufen kamst, einen Zehnmarkschein schwenkend, den du deinem Alten aus der Ladenkasse geklaut hattest, um Wein für uns alle zu kaufen. Der Metzger, dein Vater, hatte dir ein dickes Büschel deiner schulterlangen Haare ausgerissen und war mit dem Schlachtermesser hinter dir hergelaufen. Aber du warst schneller! Du warst ein Jahr älter als ich, schon Siebzehn, und hattest etliche Schulen hinter dir gelassen.

Hätten wir doch nur gewußt, was aus uns wird, als wir uns die Birne vollknallten, damals am See, als Waldi einen Weinkeller von seinem Opa geerbt hatte, und wir Schwarzer Peter spielten. Du hast meistens verloren und mußtest vorkosten. Wein aus mehreren hundert Flaschen, in den meisten war nur noch Essig. Oder am Kiesteich. LSD und Pink Floyd vom Batterieplattenspieler, nachts, Feuer, Farben am Himmel, und Dschings kam mit einem Arm voller Mineralflaschen über die Wiese zu uns. Er hatte einen Kiosk aufgebrochen, nur weil wir Durst hatten. Nur für uns ist er losgezogen und eingebrochen. Wir dachten, wir seien glücklich, nur weil wir Freunde waren. Die meisten sind tot. Und oft genug wünschte ich mir schon, ich sei es auch. Und jetzt, jetzt hänge ich immer noch an einem viel zu dicken Faden. Ich habe noch drei Liter Rum, also sechs Liter Elexier, wenn ich weiterhin großzügig mit Wasser verdünne. Der Plastikeimer mit Leitungswasser und die Schöpfkelle stehen neben meinem Bett, nur die Urinflasche fehlt. Ich packe es kaum noch, aufs Klo zu kriechen.

Wir wollten nicht älter als Dreißig werden, Bumms. Kannst du mich noch hören? Du hast es geschafft. Und hast einen Sohn zurückgelassen. Wahrscheinlich hast du auch einen Baum gepflanzt. Ich liebe dich, du armer alter toter Trottel. Und ich wünsche dir, daß die Mohnblumen blau sind, wo du jetzt bist, und die Kornblumen rot. Du hast immer alles ganz anders gesehen und dafür oft eine aufs Maul bekommen. Du konntest auch nicht mithalten in der festen Welt der anderen Menschen. Und ich habe dir nicht geglaubt, daß Kornblumen rot sind oder bunt oder singen können, wenn sie Lust dazu haben. Heute kichern sogar die Buchrücken in meinen Regalen und mein Hocker geht unter die Dusche, wenn ihm danach ist. Keine festen Formen mehr, immer wieder Gespensterspiel, und dann bleibt die Knetmasse wieder fest und alles sieht wie immer aus. Nur ich weiß, daß es nicht so ist, wie es scheinbar ist. Aber wer glaubt mir schon. Wer glaubt mir hier, in Kassel, in meiner Mietwohnung? Und wer glaubte mir damals in Berlin, als ich den Hungertod wollte?
„Erzähl weiter!"

Ich habe sie gar nicht kommen hören. Meine Frau ist aus dem Nichts gekommen, so wie Bumms gegangen ist. Aber sie ist viel wirklicher, auch momentan, wo ich nicht weiß, in welcher Zeit ich bin. Da hinten in der Zimmerecke liege ich noch auf der Matratze, da hinten ist Kreuzberg. Und hier bin ich gleich nochmal, sitze auf meinem Bett in Kassel. Auf meinem Schreibtischstuhl hängt Dadalos Mantel. Meine Liebste nimmt mich in ihre Arme. Ich will dich küssen, Liebste. Aber ich finde deinen Mund nicht. Bin ich tot? Hörst du mich denn nicht?
„Ich höre dir zu. Sprich weiter. Sprich einfach weiter und lass' die Tränen los. Ich bin bei dir. Ich bleibe bei dir."
Ich schäme mich. Ich rede mit den Toten, weißt du. Sie nickt. Beide hören zu, Bumms, den ich jetzt nicht sichtbar bei mir

weiß und meine Frau, die mich in den Armen hält. Es ist gut so.

Die Polizei hatte mich aufgegriffen. Ich war abgehauen, weg von Schule und Eltern, und hauste in einem alten Gesindegebäude unterhalb des Schlosses des Grafen Berlepsch. Ich war voll auf LSD, als die Kleinstadtbullen mich holten, und versuchte, den Stoff einfach rauszupinkeln, gegen einen Streifenwagen, was eine Anzeige einbrachte, wegen Urinierens gegen ein Streifenfahrzeug. Ich habe gelacht damals und war doch randvoll von Angst. Die Polizisten lieferten mich zu Hause ab und Mutter versprach, mir ab sofort zuzuhören. Aber sie hörte nicht zu, verstand meine Sprache nicht. Bald war alles wie immer. Geschrei, Vorwürfe. Ohrfeigen und Boxhiebe. Du hast mich verstanden, Bumms, auch ohne Worte. Verstehst du mich auch, Liebste? Die Erwachsenen waren immer gegen uns, als wir Kinder waren. Auch später, als ich schon sechszehn war. Da lebte ich nicht mehr zu Hause. Wir wohnten in Tante Veras ehemaliger Pferdeschlachterei, hatten den Verkaufsraum zum Wohnzimmer umgebaut und den riesengroßen hölzernen Kühlraum zur Küche umfunktioniert.
Obendrauf lagen Matratzen. Zwölf Leute lebten ständig dort, in diesem einen Raum. Und immer waren Besucher da. Mädchen, die fortgelaufen waren und brutal zu ihren Eltern zurückgeholt wurden, Durchreisende, einmal zwei Deserteure aus Vietnam, die hatten die Taschen voller Drogen und konnten nachts kein Auge schließen, so schlimm waren ihre Träume, und immer wieder schaute die Polizei herein und die Feldjäger. Axel hatte sich gegenüber den Feldjägern und den Bullen mal als Bratislav Bröselmann ausgegeben. Er war fahnenflüchtig und wohnte bei uns. Mein Lachen darüber brachte mir eine Anzeige wergen versuchter Gefangenenbefreiung und Körperverletzung, Widerstand gegen die

Staatsgewalt und Beamtenbeleidigung ein. Ich hatte Glück und einen guten Richter, der irgendwie mein Lachen verstand. Das ist lange her. Axel kam in den Knast. Neulich habe ich ihn mal getroffen. Er ist ein halbblindes Wrack und säuft und kifft noch immer. Gut, daß du tot bist, Bumms.
Wir waren damals schon alle auf dem Weg in die Ewigkeit, jeden Tag besoffen und oft genug Trips, die siebzig Stunden dauerten. Einmal hab' ich mich mit George lachend auf die Schienen gelegt. Als uns zu kalt wurde, sind wir wieder gegangen. George hat dann später irgendwo eine Straßenbahn geklaut, mit Passagieren drin. Den Fahrer hatte er kurzerhand an die Luft gesetzt. Voll auf Trip. Später hat er mit einem Auto ein Brückengeländer durchbrochen und ist ertrunken. Fast alle sind tot. Hannes hat sich aufgehängt. Manne hat sich erschossen. Viele sind am Gift einfach eingegangen. Seither sind Jahre vergangen, mit hektoliterweise Erbrochenem und endlosen Rechtfertigungsschleifen. Seit sieben Jahren habe ich keinen Schluck mehr getrunken, aber ich habe Angst, Liebste, fürchte mich vor der Natur und vor den sich immer und immer wiederholenden Beziehungsmustern und Träumen und alten Bildern. Und jetzt habe ich mich auf Dadalo eingelassen. Ich habe dir von ihm erzählt. Er ist gerade jetzt irgendwie bei mir, zeigt sich aber nicht in Gestalt, weil du bei mir bist. Er hat mir etwas zu sagen, ich kann es spüren. Bitte glaub' mir!
„Ich glaube dir. Ich gehe rüber in meine Wohnung und lasse dich allein. Vielleicht kommt er dann und ihr könnt miteinander reden. Du kannst mich rufen, wenn du mich brauchst. Ich liebe dich, du!"

„Ich habe dir nichts zu sagen," meldete sich Dadalo, kaum ist meine Frau gegangen. „Du hast mir etwas zu sagen".
Er steht direkt vor meinem Bett, in gänzlich veränderter Gestalt. Er trägt die schwarzen orthopädischen Schuhe

meines Vaters, den Trachtenanzug meines Großvaters und darüber die geblümte Kittelschürze meiner Mutter. Neben ihm wippt mein altes Schaukelpferd, der liebe Alex, den mein Vater mit einem Beil zertrümmert hat. Dadalo trägt schulterlanges krauses Haar, mein Haar, wie ich es so viele Jahre trug. Und Dadalo hat mein Gesicht, er sieht mir nicht nur ähnlich, nein, er hat mein Gesicht. Und gleichzeitig das Gesicht meiner Mutter und meines Vaters und meiner Großeltern. Noch mehr Gesichter. Ungläubig starre ich ihn an und er sagt nur: "Bilder..."
Ich habe es gesagt. Seine Lippen sind meine Lippen und bewegen sich synchron. Etwas löst sich hier auf. „Du bist mein Heiler, mein Therapeut!" „Du bist Mittel zum Zweck." „Du bist mein Leben!" „Analysieren und probieren!" „Hast du heute schon gefrühstückt?" „Dein Vater ist tot." „Schreien. Ich will schreien!"
Wer sagt hier was? Egal! Hier bin nur ich! Nur ich befinde mich in diesem Raum! Er ist Mittel zum Zweck und ich bin Mensch und hier und jetzt und ganz individueller Charakter. Alles nur eine Sache der Intellektualisierung und Formulierung.
„Bitte nicht ausweichen!"
Ich weiche nicht aus. Ich werde laut. Ich nehme mir das Recht, laut zu werden. Ich werde mir das Recht zur Korrektur der eigenen Lebenslinien nehmen, auch auf die Gefahr hin, meine Mitmenschen, meinen Therapeuten, auch meine Liebste, zu verletzen, zu verunsichern, zu beleidigen. Ich will aus der Defensive! Was ist los?
„Die Ordnung liegt im Chaos."
Ich habe mein Alter vergessen. Ich mußte immer wieder im Pass nachschauen. Ich kurve als fast Vierzigjähriger durch die Adoleszenz. Aber ich will die Fassung behalten! Auch wenn sich Bilder und Zeiten verschieben und Worte mich aus der

Fassung bringen können. Ich bin ja doch ich. Jetzt bin ich. Die Zeitbombe tickt ganz friedlich, fast wie Herzschlag.
Ich hätte meinen Vater anschreien sollen, als er immerzu schwieg. Aber er ist tot.
„Du feiges Schwein! Mach den Mund auf, wenn dein Kind dich etwas fragt! Du wichsender alter Schlappschwanz! Laß dich scheiden! Verpiss dich! Pack deine Klamotten und zieh mit deinen Schafen durch die Gegend! Sei endlich wieder du! Oder mach den Mund auf und erkläre mir, was hier los ist! Oder ich erkläre es dir! Laß los! Laß' wenigstens jetzt los, Vater. Ich befehle es dir! Geh' ins Licht! Dreh dich um und laß' uns hinter dir. Du bist gestorben und wirst leben! Ich will auch leben! Vater, ich will leben! Laß' mich los! Du mußt nicht mehr gehorchen. Deine Frau kann dich nicht einholen, wenn du nur gehst. Geh! Ich werde die Nußholzflöte in Erinnerung behalten, die du mir geschnitzt hast. Und jetz laß' alles hinter dir und mir meine Ruhe. Ich brauche dich nicht mehr. Jetzt nicht mehr. Zeig´ mir jetzt erstmal, zu was du fähig bist. Liebe mich und verschwinde aus meinen Ängsten. Geh'"!

Es ist so anstrengend, mich schreien zu sehen.
Vater ist gegangen. Hoffentlich bleibt er fort. Ja, ich weiß es. Aber Mutter lebt. Keine dreißig Kilometer von hier entfernt. Ich hätte sie ohrfeigen sollen, war aber zu klein und zu schwach.
Falls sie noch einige Jahre lebt, wird dieses beschriebene Papier eine Ohrfeige, eine deftige! Aus ist die Zeit der vorsichtigen Formulierungen, des Schweigens, der gnadenlosen Verzeihungen, immer und immer wieder!

„Du hast mich benutzt, Mutter, du hast mich mißbraucht, geschlagen, gefickt! Ja, gefickt! Du hast deine Befriedigung an mir gesucht. Ich hasse dich! Und ich lache, ja, ich lache,

Mutter, laut und schallend lache ich, lache über deine Einsamkeit, deine Witwenschaft und dein Unglück! Einsam und allein hockst du in deiner Wohnung! Du kannst keinen mehr anbrüllen und schlagen und mußt deinen ausgeleierten alten Wanst mit Tabletten füttern und mit Schokolade, weil du jetzt Angst bekommst, jetzt, wo du auf den Tod zukriechst. Dein Leben ist sinnlos geworden! Und seit ich dir mit einem Anwalt gedroht habe, du fette Sabbel, wagst du auch deine perversen Anrufe nicht mehr! Deine Kontrollanrufe! Deine Brüllerei, deine Vorwürfe, deine Leidensstimme. Dein Atmen durch den Telefonhörer, alles bleibt mir jetzt erspart, weil du dich fürchtest, daß ich mich erinnere und ausplaudere. Ich erinnere mich. Und ich werde diese Erinnerung vervielfältigen, ein Buch daraus machen und unter die Leute bringen! Das hättest du deinem doofen braven Jungen nicht zugetraut! Ja, ich werde dich bloßstellen, in aller Öffentlichkeit ausziehen und dich ausliefern! So, wie ich dir ausgeliefert war! Ich will meine Unschuld zurück! Und die Schuld, die du mir eingeprügelt hast, die gebe ich dir! Mach damit, was du willst! Du wirst schon bald von den Würmern gefressen, ja genau so, wie du es mir immerzu angedroht hast! Bald liege ich da oben, hast du immer gebrüllt, da oben auf dem Friedhof. Lieg doch! Und wie groß deine Angst jetzt ist, jetzt, wo du allein bist. Glaubst du an die Hölle? Glaubst du an nichts, außer deinem Körper, der sich zersetzen wird? Die Hölle ist nichts anderes als ein Mangel an Liebe, Mutter! Du lebst schon in der Hölle und du hast mich hineingezogen! Ich trage die Hölle in mir, weil du mich nie geliebt hast! Aber ich finde einen Weg! Höllenbildern ist mit Liebe zu begegnen, um sie in Liebesbilder zu verwandeln! Ja, Mutter, ich kann den Teufel in Gott verwandeln! Gott ist nichts als ein Pseudonym für Liebe! Liebe! Und jeder muß sich selbst lieben, bevor er andere lieben kann! Da führt kein Weg vorbei! Und ich bin dabei, Mutter! Ich werde dich vielleicht sogar lieben lernen. Aber erst, wenn du drüben bist! Und drüben ist nicht einfach der Himmel, auf den du doch insgeheim immer hoffst, und deinen Gottvater anflehst, nein, da wird immer noch deine Hölle sein, die du mitnimmst. Und du wirst wieder geboren werden und wieder geboren werden, immer wieder und wieder mitsamt deiner Hölle, bis du lieben lernst! Aber du verstehst wahrscheinlich kein Wort. Arme Alte. Einen Tip noch. Setz dich auf deinen breiten Hintern, schließ die Augen und hol' die Jahre zurück, jede Kleinigkeit. Und spar mich nicht aus dabei! Auge um Auge, Zahn um Zahn. Dir soll es keinen Deut besser gehen als mir! Du hattest kein Recht, mein Leben zu versauen, nur weil du nicht dein Leben leben konntest! Du kannst deine Verantwortung nicht einfach abgeben. Ich habe keine Kinder, weil ihr Kinder hattet! Ihr hättet...aber das ist alles zu spät ... zu spät. Laß' mich nur in Ruhe! Lebe oder kratz ab, aber laß' mich da raus. Ich zittere schon, wenn ich nur das Wort Mutter höre. Ich will dich nie mehr sehen! Du bist nicht länger meine Mutter!"

Sie ist nicht mehr meine Mutter. Und Vater ist gegangen. Und der Polizist sitzt in seiner Polizistenhölle. Und ich bin kein Kind mehr. Ich werde mir selbst Vater und Mutter sein und anfangen, mich zu einem Menschen zu erziehen. Mit Liebe, mit Dadalos Bildern, mit der Hölle in mir. Und wenn auch mein Körper eine einzige Ansammlung von Schmerzen ist, wenn ich Kinder weinen höre, werde ich keine Schuld mehr haben! Wenn ich Bilder mißbrauchter Kinder sehe, werde ich diese Kinder lieben, sofort und bedingungslos im Gebet! Ich will eure Gleichgültigkeit und die Schläge nicht länger erdulden! Und wenn die Zeitbombe in mir tickt und ich töten will, werde ich alle Kraft zusammennehmen, um mich zu kontrollieren! Ich gebe mir mein Leben selbst zurück.
Zurück. So müde. Ich bin so müde.

Ich gehe durch Kreuzberg spazieren. Am Heinrichplatz fallen Musikfetzen aus einem Fenster. Es muß Sonntag sein und noch sehr früh. Irgendwo schreit ein Kind. Hinter einer Mauer bellt ein Hund. Ich bin in einem Traum. Kirchglockenschläge verwehen unter dem lauten Rost einer S-Bahn-Brücke. Die Zeit zerfällt und bröselt in kleine braune Kartons. Ich werfe Wünsche dazu und gehe weiter, hinein in eine neue Zeit, nur ein paar Straßen weiter. Und ich weiß, daß heute Stiefel aufs Pflaster schlagen und Hass ist, wo mein hellblaues Herz in Wasserfarbe ertrank. Wo der Mond eine Subkultur beleuchtete, da bekämpfen sich heute Gangs, Kinder verteidigen die Reviere ihrer inneren Trostlosigkeit und Messerpaule macht Umsatz. Wasserwerfer hätten die Tanzenden nicht wegspülen dürfen damals, die bunte Zeit nicht plattfahren, als zwischenzeitlich Mut aus der Resignation keimte und besetzte Häuser begrünt wurden.

„Grün?“ höre ich Dadalo fragen. „Schau dich mal um! Wo ist hier auch nur irgendein Pflänzchen?“

Blanke Wände und grobe Fußbodenbretter glotzen mich an. Das Fenster ist mit schwarzen Bettlaken verhängt. Neben mir die leeren Flaschen, ein alter verkrusteter Putzlappen, ein Kotzeimer. Ich liege wieder auf der speckigen Matratze in meiner Berliner Wohnung, bekleidet nur mit einem zerrissenen Hemd. Hände und Arme sind blau. Es ist eiskalt. Draußen sind Stimmen, es muß etwas passiert sein, sie klingen sehr aufgeregt und geschäftig. Vor meiner Wohnungstür. Die Klingel ist abgestellt, die Kette vor, Schlösser mehrfach verschlossen. Ja, sie klopfen und hämmern gegen meine Tür. Heute ist Räumungstermin, schießt es mir durch den Kopf, und ich lebe immer noch, habe es nicht geschafft, den Sterbetermin einzuhalten. Gleich werden sie mich holen. Und tatsächlich splittert Holz und plötzlich ist Leben in meiner Wohnung. Polizisten und Feuerwehrleute kommen in mein Zimmer. Staunen. Dazwischen Herbert, mein Bruder Herbert, den ich seit fünfzehn Jahren nicht mehr gesehen habe. Er ist dick geworden. Er sieht aus wie meine Mutter, nur trägt er keinen Kittel, sondern einen makellosen Managermantel und darunter einen Anzug, weißes Hemd und Krawatte. Sie reden auf mich ein. Meine Bettdecke wird zurückgeklappt und Hände befingern mich. Blutdruck wird gemessen, ein Stetoskop baumelt vor meiner Nase. Ich muß lachen, so komisch, so irreal scheint mir diese Aufregung. Sie verhandeln und ich bin der Gegenstand, um den es geht. Jetzt spricht Herbert mit mir. Ja, Herbert, ich kann dich verstehen. Mir geht es gut, Herbert. Ja, es geht. Ich kann noch laufen. Nein. Nein, ich will hierbleiben. Ja, ich komme mit dir, Herbert. Aber nur mit dir. Die anderen gehen. Herbert spricht noch mit einem Polizisten. Dann redet er auf mich ein, alles geht sehr schnell, und schon sitze ich auf dem Rücksitz eines ziemlich luxuriösen Autos. Vorne neben Herbert sitzt Ines, seine Frau. Irgendwo halten wir und Ines kommt mit einer neuen Hose zurück. Die ist für mich, da ich nur in eine Wolldecke gewickelt dasitze. Herbert holt mir noch eine Arbeitsjacke aus dem Kofferraum. Ines spricht nicht viel, aber von meinem Bruder erfahre ich, daß ihre zwei Kinder zu Hause warten und wir uns deshalb beeilen müssen. Immerhin ist es hin und zurück eine Strecke von ca. 800 Kilometern. Aber das Auto ist ja schnell, die Geschwindigkeit kaum zu spüren. Die Abfertigung an der Kontrollstelle Dreilinden geht zügig voran, und schon befinden wir uns auf dem Gebiet der DDR. Ines begreift schnell, als sie mich zittern sieht und besorgt in einer Mitropa-Raststätte einige Flaschen Bier. Ich danke es ihr, indem ich sofort eine Flasche öffne und austrinke. Rauchen ist leider in Herberts

Luxusschlitten verboten, aber wir legen mehere Pinkelpausen ein, in denen ich eine Zigarette durchziehen kann. Die sind auch von Ines. Ich muß immer wieder das Fenster runterdrücken, per Knopfdruck, hier wird nicht gekurbelt, um Galle auf die Autobahn zu rotzen. Die Stullen von Ines habe ich abgelehnt. Ich weiß nicht mehr, wieviele Tage ich nichts gegessen habe, aber allein beim Gedanken an festes Essen wird mir speiübel. Es wird schon wieder dunkel und Herbert schimpft über die Geschwindigkeitsbegrenzung und hält sie natürlich nicht ein. So späht er dauernd nach Vopos, aber wir haben Glück. Mir ist ziemlich schwindlig. Die triste Landschaft fliegt an uns vorüber. Neben der Transitautobahn trabt ein Zeitpferd. Komisch, wir müßten doch viel schneller sein mit diesem Auto. Aber das Pferd hält mit, nähert sich uns und dringt mit seinem schweren Sattel direkt in mein Herz und mein Hirn. Das Pferd ist plötzlich unruhig und wirr, bemüht, die Zaumzeugreste abzuwerfen, die an ihm hängen. Und das Pferd bin ich. Ich bin das Pferd und der Teufel sitzt mir im Nacken und

wirr bemüht ihn abzuwerfen
dring ich in meine Tiefen ein
Feuer deutet meine Schatten
aus Nebel war ich und aus Stein
Blumen schwimmen auf den Feldern
Sterne reiten auf dem Wind
Engel lachen in den Weiden
es wohnt ein Greis in meinem Kind
Will ich das Wechselspiel durchbrechen
dort wo das große Schweigen ist
finde ich die alte Schlange
die im Traume Seelen frißt
Aus den Seelen formt sie Träume
gießt sie in Materie ein

Kann ich diese Schlange töten
und mich aus dem Kreis befrei'n?
Bin ich selbst die alte Schlange
denke mich in meiner Zeit?
Muß ich erst mein Ego töten
heraus aus dem Gedankenkleid?
Ich kann keine Antwort finden
weil ich nicht selbst die Ruhe bin
Vielleicht ist schon das große Schweigen
aller Zweifel letzter Sinn.

„Laß ihn doch", höre ich Ines zu Herbert sagen. „Er hat Fieber." Herbert stellt das Autoradio an und Tirolermusik überflutet uns bedrohlich. Ich stammele ein 'Oh Gott' in Richtung Vordersitz und schon dreht Ines am Radioknopf. Die Frau hat Verstand, denke ich dankbar und will wieder in mich zusammenfallen, als mich John Lennons Stimme erreicht. 'Mother' schreit er ins leere Universum. Plötzlich wird mir bewußt, daß wir nach Werretal fahren, dorthin, wo nicht nur mein Bruder, seine Frau und ihre Kinder wohnen, sondern auch meine Mutter und mein Vater immer noch leben.
„Ich will wieder zurück nach Berlin", sage ich ganz ruhig.
„Umdrehen kann ich hier schlecht", witzelt Herbert und weiter:
„Du kommst jetzt erstmal mit nach Hause zu uns und wirst gesund. Wir können dich doch nicht krepieren lassen. Das war doch kein Zuhause da in deiner Kreuzberger Hinterhofbude. Jetzt gehts heim, dahin, wo du hingehörst!"
„Jeder braucht einen Platz, wo es ihm gutgeht", sagt Ines. „Jeder Mensch braucht so was wie eine Heimat."

„Heimat, ach Ines", antworte ich. „Ich erzähle dir mal was. Das habe ich mal erlebt. Neben mir im Sand lag Gott und schlief, mitten im Sonnenuntergang an der französischen Mittelmeerküste. Und da wußte ich plötzlich und unvermittelt, daß ich über das Wasser gehen kann. Jeder Beweis erübrigte sich und es bedurfte keines Versuches. Ich wußte es. Und dabei hatte ich keine Botschaft. Diese Todesnähe, die spürbare Deutlichkeit körperlicher und geistiger Existenz, bedeutete mir größtes Glück, entschädigte mich für diesen Augenblick für alle Zweifel, die langweiliges Leben sonst erträglicher machen. Da war die Wahrheit im Chaos. Für jeden Beobachter wäre ich in den Wellen versunken..."

„Hoffentlich sind wir bald da", hörte ich Herbert sagen.

„Wir müssen gleich einen Arzt holen, wenn wir angekommen sind. Er hat bestimmt hohes Fieber oder so", sorgte sich Ines.

„...nur ich wäre weitergegangen, sicher auf diesem Element und immer weiter, durch das Tor hindurch, hinüber. Nur die verdammte Fähigkeit, eine Grenzlinie zwischen Phantasie und Wirklichkeit zu ziehen, ließ mich im Sand liegen, neben dem schlafenden Gott, sehr zufrieden, sehr still. Jeder Beweis erübrigte sich, und es bedurfte keines Versuches, so sicher war ich. Ich wußte. Und das immer trennende Denken, diese schützende Angst, hatte nichts Hinderliches, nichts Bedrückendes in diesem Moment der Stille. Diese Stille war Freiheit, war Wille und Fügung zugleich. In diesem Augenblick totaler Gewißheit balancierte ich auf einem Drahtseil, genau zwischen Realität hier und Wirklichkeit dort, dem Ort, der mir unheimlich und Heimat zugleich ist. Das ist Heimat, Ines! Nur das ist Heimat. Du hast wahrscheinlich recht. Ich fühle mich verdammt heiß, verdammt fiebrig. Heimat...ja..."

„Aufwachen! Wir sind daha! Wir sind angekommen!"

Scheiße, ist das hell hier. Was soll die Laterne direkt in meinem Gesicht? Wir parken vor einem großen Haus, über

der Haustür verbrennt eine viel zu helle Leuchte die Nacht. Und davor stehen ein Junge und eine Frau mit einem Kind auf dem Arm.
„Das ist Gisela, meine Schwester", stellt Ines mir die Frau vor. „Sie hat auf die Kinder aufgepaßt. Und der Große ist Jochen und die Kleine ist Anne."
Ich blieb erstmal drei Tage im Bett. Unten im Haus stand die Einliegerwohnung leer. Dies sollte mein Zuhause werden, wie Ines mir anbot. Eigentlich war es kein Angebot, sonder klang eher wie eine Verfügung. Gekacheltes Bad mit Waschmaschine, Einbauküche, Klappsofa, aller Komfort vorhanden. Das große Zimmer wurde noch als Rumpelkammer benutzt, aber bald schon sollte ich umziehen können. Die ersten drei Tage lag ich im kleinen Zimmer und hielt die Rollos noch halb geschlossen. Mußte mich erst an Tageslicht gewöhnen. Man ließ mich in Ruhe. Ines brachte mir das Essen, manchmal kroch Anne ins Zimmer und beäugte mich neugierig und freundlich. Wir sind also Verwandte, kleines Mädchen. Jochen spähte abends durch die Rolloritze, ließ sich aber sonst nicht blicken. Er fand mich wahrscheinlich unheimlich, so wie ich aussah, mit den langen Haaren, den großen schwarzen Zahnlücken und den Geschwüren überall. Der Arzt hatte mir Tabletten dagelassen und Salben und auch Antabus, da er glaubte, die Situation zu erfassen, und ich gleich meine Alkoholabhängigkeit zugab. Die Medizin kippte ich ins Klo und bediente mich ersatzweise im Weinkeller. Direkt aus der Wohnung führte eine Tür in einen gut bestückten Weinkeller. So ca. fünfhundert Flaschen, überschlug ich den Vorrat. In den ersten drei Nächten hielt ich mich an den roten Tafelwein, später stieg ich auf Riesling und die niedlichen Bocksbeutel um. Schon nach einer Woche klafften beträchtliche Lücken in den Regalen. Aber außer mir schien keiner je den Keller zu betreten. Es ging aufwärts mit mir. Nach mehreren

Vollbädern, einer Rasur und einem gründlichen Haarschnitt, zu dem eine Friseurin ins Haus kam, sah ich schon menschlicher aus. Meine nächtlichen Tankungen und das Bier, das Ines mir brachte, machten einen fast ausgewogenen Spiegeltrinker aus mir, der laufen konnte, ohne zu stolpern und sprechen lernte, ohne zu stottern. Ich zitterte kaum noch und schwitzte wenig. Mit Ines besprach ich die kommenden Schritte zur Vermenschlichung, meldete mich beim Zahnarzt an, besorgte mir einen neuen Paß und eine ordnungsgemäße Anmeldungsbescheinigung, und ich erhielt sogar ohne größere Schwierigkeiten Sozialhilfe. Ich konnte schon bald kleinere Büroarbeiten übernehmen. Hauptsächlich aber spielte ich mit Anne, stundenlang spielte ich Hund und Kasper und bemerkte erst nach zwei Monaten, daß ich zum Haus- und Hoftrottel geworden war. Die Nächte gehörten zwar mir und ich konnte nach Belieben zechen, die Tage aber war ich verfügbar, war Babysitter, Gartenarbeiter, tippte Rechnungen und schippte den Schnee vom Hof. Herbert und Ines hatten in den letzten zehn Jahren einen mittelständischen Betrieb aufgebaut. Installationen, Badezimmer, Kacheln aller Farben und Größen, Rohre, sogar Dachrinnen, Klinker, Baumaterialien aller Art lagerten in einer großen Halle seitlich des Wohnhauses, und den ganzen Tag über fuhren LKWs auf den Hof und vom Hof herunter. Das geschäftige Treiben von morgens halb sechs bis in die späten Abendstunden machte mich kirre. Ständig klingelten irgendwo im Haus Telefone, Anne klebte nur noch an meinen Beinen, Herbert und Ines waren immer unterwegs. Ich lernte eine Putzfrau kennen und einen Büroangestellten und die Frau, die zum Kochen kam, aber Herbert und Ines sah ich fast nie. Die Kinder waren jetzt den ganzen Tag über bei mir. Anfangs fand ich noch Gefallen an meiner neuen Rolle als Onkel. Ich sah gesund aus in meinen frischen Klamotten, und wir spielten und gingen viel spazieren, in den

Wald zum Echo, Anne im Kinderkarren und Jochen mit dem Rad. Ich war ganz plötzlich in eine Familie hineingeraten, die immer weniger von meinem Zustand wahrnahm. Ich war einfach da, wurde eingeteilt, verrichtete fraglos alle an mich herangetragenen Arbeiten, obwohl ich am Ende meiner Kräfte war. Herbert sprach nur mit mir, um mir Aufgaben zuzuteilen, und Ines war schon lange nicht mehr so nett, sondern wurde immer fordernder, gönnte mir keine eigene Zeit und Meinung. Sie gab mir Tabletten gegen die wahnsinnigen Kopfschmerzen und Bier für mein Wohlbefinden. Am schlimmsten war aber die Mutter, die ich inzwischen besucht hatte, da es sich nicht vermeiden ließ. Vater war kaum noch vorhanden. Er saß nur immer auf einem Stuhl in der Küchenecke, sah einem grauen alten Hund nicht unähnlich, und zitterte schweigend vor sich hin. Mutter war immer noch der Kotzbrocken von früher, dick, laut, selbstgefällig und bestimmend. So wurde es Regel, daß die Spaziergänge mit den Kindern in die Stadt führten, wo ich Mutters Einkäufe tätigte und ihren bitteren Kaffee trank. Jochen verschwand immer schnell zu einem Freund, und Anne krabbelte mir auf dem Schoß herum, während Mutter ihre Leidensgeschichten psalmodierte. Ich schien irgendwie durchsichtig zu sein, da kein Mensch sah, daß ich nur noch aus Alkohol und bloßen Nervensträngen bestand. Ich war einfach nur der verlorene Sohn, der heimgekehrt war, um genau da weiterzuleben, wo er angeblich aufgehört hatte. Plötzlich war ich sauber und lieb und erwachsen, aber doch das Kind und der Bruder, und ich funktionierte wie ein Automat, nickte mit dem Kopf, schleppte Rohre und Einkaufstüten und ließ mich anschnauzen, wenn ich etwas fallengelassen hatte oder vergessen oder sonstwas. Ich war wieder ein Gefangener in meiner Familie, der Leibeigene meiner Mutter und meines Bruders. Natürlich ging das nicht lange gut. Irgendwann fiel ich einfach um, kippte ganz einfach aus den Latschen, und hatte sowas wie einen epileptischen Anfall. Und dann ging nichts mehr. Ich konnte nur noch liegen und kotzen. Der ausgeräumte Weinkeller wurde entdeckt und die kläglichen Reste vor mir weggeschlossen. Der Arzt brachte mir Dolantin und Haloperidol. Ich sah nur noch Armeen Ameisen, blaue fette Ameisen millionenfach, und als sich dieser rosane Puttenengel auf meinen Bauch setzte, plünderte ich Herberts private Hausbar und schlug die leeren Flaschen kurz und klein. Anschließend bekam ich einen Weinkrampf und das große Kotzen. Ines und Herbert brachten mich in die Psychatrie zum Alkoholentzug.

Der Entzug war zuerst ziemlich hart, viel härter als der erste. Am zweiten Tag mußte ich auf ein Bett festgeschnallt werden. Ich sah Filme, die noch in keinem Kino liefen und auch nie laufen werden. Weiße Mäuse mögen ja noch ganz niedlich sein, aber Schlangen mit Kinderköpfen und Conterganarmen sind harter Tobak. Am ekelhaftesten aber war der Puttenengel, der sich schamlos vor mir exibitionierte und laufend das Geschlecht wechselte, bis er schließlich beide Geschlechter beibehielt und sich auf meinem Bauch wälzend selber fickte. Das Fleisch fiel mir in Fetzen von Armen und die Knochen darunter stachen rostig in den Schlick, in dem ich versank. Ich muß fürchterlich geschrien haben. Als alles vorbei war, waren das Personal und die anderen Patienten besonders lieb zu mir. Nachdem die körperlichen Entzugssymptome weitgehend abgeklungen waren, konnte ich an Gruppengesprächen teilnehmen. Es war ein ziemlich bunter Haufen Alkis verschiedenster sozialer Herkunft, aber hier waren wir alle gleich, mußten allesamt unsere Abhängigkeit eingestehen. Das war mir von meinem ersten Entzug im Jüdischen Krankenhaus von Berlin her nicht fremd, nur meine eigene Grundeinstellung hatte sich geändert. Nach dem ersten Entzug glaubte ich noch an eine spielerische Instanz, war fast davon überzeugt, daß ich nicht wirklich alkoholkrank war, sondern die Rolle eines Alkoholikers angenommen hätte, um überhaupt eine Identifikationsmöglichkeit zu besitzen. Aber ich war und bin Alkoholiker mit allen dazugehörenden Konsequenzen. Ich werde nie mehr trinken können, ohne mich dem Verfall damit preiszugeben. Während der Gruppengespräche versuchten wir immer wieder zu den Anfängen der Abhängigkeit zu gelangen, also die Ursachen zu erkennen, um kausale Zusammenhänge herstellen zu können. Dabei behielten wir allerdings den Jetztzustand immer im Auge und begriffen alle, daß der trockene Moment für uns entscheidend ist. In dieser Atmosphäre der Offenheit hatte ich sehr bald das Bedürfnis, mich leerzusprechen, und fand dazu Platz, Zeit und Unterstützung.

Ich beobachtet ein etwa zehnjähriges Kind, einen Jungen, der sich ein Porno-Magazin anschaut. Die Bilder zeigen im Detail den Mißbrauch von sehr kleinen Kindern. Der Junge ist interessiert und ahmt die Bewegungen der im Magazin abgebildeten Opfer und Täter nach. Er spielt das Opfer und den Täter. Ich bin, als heimlicher Zuschauer, teils angeekelt, teils traurig berührt. Unerwartet entdecke ich in einer anderen Ecke meines Traumes meine Mutter, die ebenfalls dem Kinde zuschaut. Sie hockt auf einem Stapel Kinderpornos und hält eine Gummiente in ihren Händen. Unter mir öffnet sich ein Abgrund, ich falle, falle tief und lande schließlich weich in galliggrünem Glibber, der mich warm und mit beißendem Geruch umgibt und in meine Poren eindringt. Neben mir klingelt ein überdimensionales Telefon, und ich weiß, daß es meine Mutter ist, die mich in ein Gespräch ziehen will. Von oben her höre ich das Kind mit seinem Pornomagazin schreien. Mühsam befreie ich mich aus der Galligmasse, die

überall an meinem Körper klebt und Gestalt annimmt. Auf meinem Bauch formen sich Penisse, auf meinem Hals Zungen, und von überall her greifen Hände nach mir und Finger in mich. Auf Zehenspitzen, die Arme nach oben in's Leere gestreckt, versuche ich zu entkommen und schreie um Hilfe, als sich plötzlich über mir, weit über mir, ein Lichtfleck aufschiebt und daraus farbige Seile zu mir herunterfallen. Ich greife zu und rette mich, teils aus eigener Kraft, teils werde ich gezogen, nach oben. Finger, Zunge und Penisse fallen, jetzt trocken und verschrumpelt, von mir ab. In halber Höhe werde ich an dem wimmernden Jungen vorbeigezogen, der sich nackt an einer Bananenstaude festklammert, die aus der Felswand wächst. Schneller und immer schneller zieht es mich in's Licht und ich erwache, beide Hände fest um eine schmale Schnur der Wandbeleuchtung neben meinem Bett geklammert. Ich bin verstört und froh, der Szenerie entkommen zu sein, erschrecke aber, als ich entdecke, daß ich es gar nicht wirklich bin, der hier aus dem Traum aufgeschreckt ist. Sofort springe ich aus dem Bett, hin zum Spiegel, und erkenne mein Gesicht, nicht aber mich. Überdeutlich weiß ich, daß ich es nicht bin, der hier steht. Ich bin zurück im Traum geblieben, geschunden und mißbraucht hänge ich an einer Bananenstaude in der Höhle.
Jetzt nur kaltes Wasser in's Gesicht, um nicht durchzudrehen! Ich befinde mich in meinem Zimmer, auf der geschlossenen Station der psychiatrischen Klinik am Meißner, in Hessen, Deutschland, Europa, Erde. „ Ich kann klar denken. Ich sage mir meinen Namen und meine Daten auf, aber ich erkenne mich nicht. Ich ist ein anderer! Ich ist in der Unterwelt gefangen. Ich ist ein Kind und Mama ist bei ihm. Die böse Mama, nach der das Kind schreit und von der es sich Hilfe erhofft und Schläge erhält. Raus auf den Flur! Menschen sehen!“ Ein Pfleger fragt nach meinem Befinden, und ich verlange Tee, viel Tee. Später treffen wir uns zum

Gruppengespräch, und eine Frau fragt, ob es denn schon Mißbrauch sei, wenn sich ihr Mann Befriedigung durch Streicheln an ihr verschafft, obwohl sie das nicht will. Sie könnte das nur im Suff ertragen. Die Frage dringt in mich ein, und plötzlich bin ich ganz woanders, sitze im Sprechzimmer eines Arztes, des Arztes meines Vaters, bin fünfzehn Jahre alt, und höre ihn sagen: "Du mußt dich mit der Tatsache abfinden, die Geisteskrankheit deines Vaters zu erben! Es ist besser, wenn du das weißt! Dein Vater ist schizophren, unheilbar krank, und diese Krankheit ist erblich! Das muß nicht in jedem Falle so sein, aber bei dir deutet alles darauf hin! Was dein Alkoholproblem betrifft, kann ich dir nur Medikamente geben. Du mußt dich damit an deine Eltern wenden. Du bist noch nicht volljährig." Das war's! Das war der Punkt, von dem aus mir alles egal wurde. Ich werde geisteskrank werden, wie mein Vater. Ich bin fünfzehn und alkoholabhängig. Ich habe keine Zukunft. Das war's. Wozu also leben! Wozu? Ich beschloß, nie zu arbeiten, nie Kinder zu haben, ein Steppenwolf zu werden. Das war's! Keiner kann mir helfen.

Es hätte alles anders laufen können, erzählte ich, mein ganzer Lebensweg, meine Biographie wäre eine andere geworden, wenn meine Mutter auf den Vorschlag des Chefarztes des Krankenhauses in Werretal eingegangen wäre. Ich war am Blinddarm operiert worden. Damals war ich Vierzehn. Dem Arzt war aufgefallen, daß ich viel zitterte und erbrach. Nachdem er schon bald mein Vertrauen gewonnen hatte, gestand ich ihm meinen regelmäßigen Alkoholkonsum und erzählte von meinen Kopfschmerzen und daß ich Angst hatte, die Schule zu besuchen. Ich mußte morgens etwas trinken, bevor ich den Schulhof betreten konnte. Ich hatte ein Versteck und in den Pausen nahm ich heimlich ein paar Schluck. Manchmal löste ich Beruhigungstabletten in Wein auf, besonders vor Klassenarbeiten. Ich besaß eine ganze Sammlung von Medikamenten, die ich im Stadtkrankenhaus, wo meine Mutter halbtags als Schwesternhelferin arbeitete, stahl. Ich hatte sogar Ampullen aus dem Giftschrank. Ich ging oft nach dem Unterricht ins Krankenhaus, um mir Mittagessen zu holen. Mutter füllte immer übriggebliebenes Essen in kleine Töpfe und Schüsseln, die ich mitnehmen durfte. Am liebsten hatte ich den rosaroten Buttermilchpudding. Das Essen mußte zu Hause wieder aufgewärmt werden und schmeckte wie vorverdaut. Ja, da fing irgendwie alles an, zu eskalieren, denke ich. Warum ich Angst hatte, kann ich nicht klar sagen. Jedenfalls schlug der Chefarzt meiner Mutter vor, mit mir zu einer Kinder- und Jugendpsychologin zu gehen. Ich kann mich noch genau erinnern. Er gab ihr eine Adresse und bemerkte dazu, daß es besonders wichtig sei, denn jetzt könne man mir noch helfen. Ich war neugierig. Und nach der Entlassung aus dem Krankenhaus sprach ich meine Mutter darauf an, aber sie brüllte nur, ein Idiot in der Familie würde reichen, man müsse sich ja schämen. Mit dem Idioten meinte sie meinen Vater. Er war angeblich schizophren. Ja, und ein Jahr später bestätigte mir der Arzt meines Vaters, daß mein Vater unheilbar geisteskrank sei und ich die Krankheit erben würde. Ich müßte mich mit der Tatsache abfinden, sagte er. Alles deutet darauf hin. Ich hatte ihn eigentlich wegen meines Alkoholkonsums aufgesucht, wegen starker Magenbeschwerden und Dauerkotzerei. Aber das geriet in den Hintergrund. Er sagte nur, es sei die Aufgabe meiner Mutter, mit mir über Alkohol zu reden. Du mußt einfach damit aufhören, meinte er. Das mit der Schizophrenie war ein dicker Hammer. Ich war ja gerade fünfzehn Jahre alt. Und nachdem ich erfahren hatte, ich würde sowieso in der Klappsmühle enden, fing ich erst richtig an. Jetzt war alles egal. Ich glaube, so zwei, drei Tage später habe ich den ersten

LSD-Trip geschmissen. Bumms, mein Freund, hatte die Taschen voll. Der hat mir alles geschenkt, was ich wollte. Rosimon, Meskalin, LSD, Valium und Gras natürlich. Ich fing aber nicht mit Haschisch an, sondern mit den harten Sachen. Natürlich zuerst immer Sprit. Der gehörte sowieso dazu. Ohne Sprit lief gar nichts. Und Weihnachten, als ich fünfzehn war, zog ich dann von zu Hause aus, kam einfach nicht wieder. Zu der Zeit hatte ich immer diesen einen Wiederholungstraum. Im Traum wurde ein kleiner Junge vergewaltigt. Er wurde von einer riesengroßen Frau festgehalten und ein Mann steckte dem Jungen Gegenstände in den Po. Einen Holzlöffel, einen Flaschenhals, eine Banane, aber auch seine Finger und seinen Penis. Der Junge blätterte dabei in einem Mickey-Mouse Heft. Und dann verwandelt sich der Mann und ist plötzlich der Junge selbst und der Junge treibt es mit dem Jungen und dann mit der Frau. Und ich wachte immer schweißnaß auf und mir war speiübel, weil die Frau im Traum meine Mutter war und ich der Junge. Ich konnte dann meiner Mutter nicht mehr in die Augen schauen, und wenn sie mich anschrie oder ohrfeigte, dachte ich dann, sie wisse von dem Traum. Und ich hatte die Schläge verdient, da ich sowas träumte.
Die anderen Patienten, die an den Gruppengesprächen teilnahmen, hörten mir nicht nur zu, sondern hielten meine Hand und nahmen mich in den Arm. Dabei fühlte ich mich zu nichts verpflichtet, nicht wie früher, als Frauen mich nur freundlich anschauten oder mit mir sprachen, und ich sofort in ihre Abhängigkeit geriet. Oft genügte nur das geringste Interesse einer Frau, welches mich in die Pflicht nahm, im besonderen auf sie einzugehen und mit ihr zu schlafen. Ich konnte nie eine platonische Freundschaft zu einer Frau halten. Ich funktionierte wie ein sehr freundlicher hocherotischer Automat, der darauf programmiert war, mit jeder Frau zu schlafen, die meinen Menachnismus durch

Annährung ausgelöst hatte. Und nur wenige Frauen lehnten mein Rollenverhalten ab, egal ob sie es erkannten oder nicht. Heute weiß ich, daß die seelischen und körperlichen Mißhandlungen, denen ich als Kind ausgesetzt war, mich zu diesem Sexautomaten gemacht haben. Und sie haben mich arbeitsunfähig werden lassen. Heute bin ich wegen psychosomatischer chronischer Erkrankung erwerbsunfähig und schwerbehindert.

Eigentlich wollte ich Sozialpädagoge werden. Nachdem ich die zehnte Klasse der Realschule wiederholt hatte, wollte ich mich neu orientieren und mein Leben selbst in die Hand nehmen. Ich war sitzengeblieben, da eine Benotung wegen Dauerabwesenheit nicht möglich war. Ich wohnte ja in der Drogenkommune und mußte nebenher arbeiten und dealen, um zu überleben. Da war kein Platz für Schule. Die Mutter meiner ersten festen Freundin überzeugte mich von der Notwendigkeit, mein Leben zu überdenken und half mir, indem ich jederzeit in ihrem Haus übernachten durfte. Mein zweiter Anlauf, den Realschulabschluß zu erlangen, war ziemlich hart. Inzwischen war ich Spiegeltrinker und mußte genaustens auf meine Tageseinheiten Alkohol achten, um nicht aufzufallen und klar denken zu können. Natürlich hatte ich zwischendurch immer wieder Ausfälle und geriet in alkoholische Exzesse, die meiner ersten Liebe nicht gerade zuträglich waren. Aber ich fand durch das Mädchen Bestätigung und wir erlebten zusammen schöne Urlaube an der Nordsee, besuchten Feten und waren jung und gingen miteinander. Das ich auch manchmal mit ihrer großen Schwester und anderen Frauen schlief, erfuhr sie nie. Ich war ja der Automat und reagierte wie immer. Dabei quälten mich Gewissensbisse und ich kam mir sehr schlecht vor, aber ich konnte nicht anders. Ich träumte von ewiger Liebe und hatte Angst vor den Konsequenzen einer solchen Liebe, da zur

Familie auch Kinder gehören, und ich nie welche haben dürfte. Über meine Gefühle sprach ich nie. Ich war auch nicht sicher, ob ich überhaupt echte Gefühle zeigen konnte. Ich dachte und wünschte viel mehr, als daß ich fühlte. Das einzige wirkliche Gefühl war immer der Orgasmus, den ich mit dem Tod und der Erlösung gleichsetzte. Ich hätte jedesmal sterben können. Danach war meist Leere und Ekel und Schuld, diese unbeschreibliche Schuld.

Jedenfalls fand ich nach der Schule einen Praktikantenplatz in einem Internat für körperbehinderte Jugendliche. Darüber war ich sehr glücklich. das Problem war nur, daß ich lediglich ein Taschengeld erhielt, welches meinen Alkoholkonsum nicht abdeckte. Ich mußte ja trinken, um unauffällig zu bleiben und den Job überhaupt machen zu können. Also arbeitete ich nebenher schwarz in einer Kneipe. Das war doppelt so anstrengend und kaum zu bewerkstelligen, da ich auch im Internat ab und zu Nachtdienst hatte. Einer dieser Nachtdienste brachte mir auch die Kündigung ein. Ab 22 Uhr durfte keiner mehr das Haus verlassen. Aber da einige schon älter waren als ich, empfand ich ein solches Verbot als anmaßend und hielt mich nicht daran. Mit den älteren traf ich Absprachen und gab ihnen Schlüssel zum Hintereingang. Es wurde entdeckt und brachte mir die fristlose Kündigung während der Probezeit ein. Da zerplatzte mein beruflicher Zukunftstraum wie eine Seifenblase. Ich stand mit leeren Händen da, mit ein paar Schallplatten, meinem Batterieplattenspieler, einigen Büchern und jeder Menge leerer Bierflaschen. Ich zog aufs Dorf. In einem heruntergewirtschafteten alten Bauernhof lebten einige der Leute, die ich noch aus meiner Dealerzeit kannte. Im Garten wuchsen hunderte Hanfpflanzen und Drogen verschiedenster Herkunft wechselten von Hand zu Hand. Ich war wieder voll dabei. Glücklicherweise nicht lange. Die Mutter meiner

Freundin beschaffte mir einen Ausbildungsplatz in einem Frankfurter Krankenhaus. Frankfurt, eine neue Chance. Ich ahnte nicht, daß ich soweit wie möglich von meiner Freundin entfernt werden sollte. Für mich bedeutete die Ausbildung zum Krankenpfleger einiges, war eine Art Strohhalm, um meine Vorstellungen später doch noch verwirklichen zu können. Also griff ich zu. Der ganze Spuk dauerte lediglich zwei Monate. Schon in der ersten Woche bekam ich den Abschiedsbrief meiner Freundin. Sie hatte sich von mir getrennt, da sie sich noch zu jung für eine feste Bindung fühlte und Frankfurt so weit weg sei. Die Einflüsse ihrer Eltern waren allerdings ausschlaggebender, das wußte ich. Ich sah mich getäuscht und verraten. Am nächsten Tag war ich nicht beim Unterricht. Mein Gesicht war vom Zechen und Vögeln noch verquollen. Die nächsten Wochen wurde mein Zimmer im Wohnheim zu einer Art Puff. Die Schwesternschülerinnen gaben sich die Klinke in die Hand. Sie teilten mich ein und sprachen sich untereinander ab. Im Wohnheim lebten ungefähr achtzig Frauen und drei Männer. Einem ging es ähnlich wie mir, aber er soff nicht. Eine Frau hatte die Eigenart, ihre Beischlafpartner zu kennzeichnen. Sie grub ihnen mit den Fingernägeln zwei Wunden neben den Bauchnabel. Heute erinnern mich die Narben immer noch an diese Episode. Dem Unterricht konnte ich kaum noch folgen. Und ich war verschuldet. Das Geld reichte natürlich wieder nicht aus, um den Sprit zu finanzieren. Und nicht alle Frauen waren bereit, mir Geld zu geben. Schließlich packte ich meine Sachen und trampte nach Berlin. In Berlin hatten zwei Freunde ein Zimmer, ganz in der Nähe vom KDW Konsumtempel, wo ich oft das Frühstück zusammenklaute. Einer meiner Freunde hatte einen festen Job bei der US-Army. Bernd und ich fanden Arbeit bei einer Gartenbaufirma. Bernd soff fast so wie ich, weshalb wir uns ganz gut verstanden. Unser Bemühen, einen Kinderspielplatz aus Holz zu bauen, scheiterte am Suff und an den Architekten, die sich vom Dach eines vierzehnstöckigen Wohnhauses aus unsere Arbeit ansahen. Sie entdeckten immer wieder Unebenheiten und Kurven, wo sie nicht hingehörten. Das große morgendliche kalte Kotzen tat das übrige. Ich warf den ganze verfluchten Mist hin. Kinderspielplätze erinnern mich immer an Margarete, die mir auf einem Spielplatz die Hose runterzog und meinen Pimmel befingerte. Sie zahlte mit den Eintritt ins Kinderkino, Winnetou, und ich mußte ihr dafür den Finger in die Möse stecken. Und einmal schloß sie mich in einer Gartenhütte ein, kam mit einem älteren Jungen zurück, und ich mußte zuschauen, wie sie es miteinander auf dem Fußboden trieben. Margarete verschwand dann irgendwann aus der Stadt, und ich hörte später, sie sei Prostituierte in Frankfurt geworden. Und ich erfuhr, daß der ältere Junge ihr Bruder war. Arme Margarete. Nachdem ich den Job hingeschmissen hatte, bekam ich Ärger mit Michel, der ja eine feste Arbeit hatte und der Wohnungseigentümer war. Ich schnorrte mich auf dem Kudamm durch, verkaufte geklaute Autoradios und brachte immer wieder kaputte Frauen mit in die Wohnung. Sie taten mir leid. Mädchen, die auf der Straße schliefen, und deren Arme mit Einstichen übersät waren. Ich wärmte sie, und sie schliefen mit mir. Ihre Art der Dankbarkeit ließ mich meine eigene Abhängigkeit fast vergessen. Aber inzwischen hatte ich mir schon ein Magengeschwür gezüchtet und immer öfter Blackouts. Die ganze Sache eskalierte, nachdem ich einen Verstärker verkaufte, um Schnaps zu kaufen. Das Teil gehörte Michel. Innerhalb von drei Tagen sollte ich Ersatz beschaffen und dann ausziehen. Ich war ziemlich krank in dieser Zeit und sah mitunter Dinge, die es nicht gab. Ich hatte seltsame Halluzinationen, beispielsweise saß mir auf der Treppe zur Gedächtniskirche plötzlich meine Mutter gegenüber und streckte mir die Zunge heraus, obwohl ich wußte, daß die

Frau vierhundert Kilometer entfernt war. Ausschlaggebend für meine Flucht aus Berlin aber war das Angebot eines gutgekleideten Mannes, der mir einen Hunderter dafür bot, daß ich ihm den Arsch hinhalte. Ich überlegte ernsthaft, ob es nicht eine gute Möglichkeit sei, mir Geld für den Sprit zu verdienen. Die Vorstellung allerdings war ekelhaft und ich kehrte der Stadt den Rücken, noch bevor ich in diesem Sumpf versinken konnte. Bevor ich zur Grenze nach Dreilinden fuhr, befreite ich eine zeckenübersäte kleine Boa aus dem Terrarium einer Zoohandlung. Mit der Schlange in der einen und einer Bierflasche in der anderen Jackentasche trampte ich zurück nach Werretal, zurück in die Stadt die ich nie mehr betreten wollte. Dort wohnte mein Freund Bumms in einer Wohngemeinschaft, in einem wunderschönen, am Stadtrand gelegenen Haus. Seine Freundin wohnte noch dort und Gregor, der Photograph, und Frauke. Wegen Frauke blieb ich dann. Ich hatte wegen Volltrunkenheit einen Autounfall und mir einige Rippen gebrochen. Frauke , die mich etwas bewunderte, weil ich in Berlin gewohnt hatte, kümmerte sich rührend um mich. Natürlich dauerte es nicht lange, und wir teilten das Bett. Ich hatte sie wirklich gern und glaubte, sie zu lieben. Die Beziehung zu ihr half mir, den Alkoholkonsum einzuschränken. Ich trank zu der Zeit nur noch zwei oder drei Bier am Morgen. Dann kam Frauke aus der Schule zurück, sie macht gerade Abitur, und ich wartete schon mit dem vorbereiteten Mittagessen auf sie. Hier hatte ich so etwas wie Familie gefunden. Da war mein Freund Bumms, der etwas dealte und sehr genügsam lebte und ab und zu eine Sauftour mit mir durch die Gemeinde unternahm. Und Tina, seine Freundin, Krankenpflegeschülerin und ein sehr stilles Mädchen. Später war sie heroinabhängig, habe ich gehört. Gregor fotografierte die ganze Zeit und spielte in einer Band, die im Keller übte, und Frauke war witzig und klug. Ich konnte stundenlang mit ihr reden und schweigen. Daß ich ihr den Lebenskünstler nur vorspielte und nie über meine Gefühle sprach, wurde mir erst viel später klar. Ab und zu jobbte ich als Bierfahrer, in einer Klopapierfabrik und als Bauhelfer. Regelmäßig arbeiten konnte ich schon nicht mehr. Das wußte ich allerdings nicht, sondern spielte mir selber etwas vor, indem ich alle Leute, die geregelter Arbeit nachgingen als Blödhammel bezeichnete, die ihr Leben vertrödeln. Ich konnte mich nur noch schlecht konzentrieren, hatte Schweißausbrüche und zitterte bei etwas anstrengender Betätigung wie Espenlaub. Und ich hatte Angst vor den Leuten. Ich konnte nicht die leiseste Kritik ertragen, ohne alles hinzuschmeißen. Von meinen hämmernden Kopfschmerzen, die ich bis heute nicht verloren habe, gar nicht zu reden. Im Grunde war ich ein kaputter, alkoholabhängiger Versager, der seine Mitmenschen und sich selbst mit Sprüchen blendete. Aber das wußte ich nicht, so sehr war ich in meine Lebenslüge verflochten und verliebt. Besonders gut taten mir die Spaziergänge mit Lauser, einem zwölfjährigen Langhaardackel, der von seinem ehemaligen Besitzer, einem Polizisten a.D., erschossen werden sollte, da er für die Jagd nicht mehr taugte. Tina hatte ihn gerettet und mitgebracht. Der Bulle a.D. war, glaube ich, ihr Onkel.Und dann das Haus. Das Haus war ein Traum. Direkt am Waldrand gelegen, mit Wiese und Birnbäumen, einer Terrasse, Holztäfelung, einer gut sortierten Bibliothek, einer puddingpulvergefüllten Speisekammer, in der Pepino, eine fast zahme Hausmaus, lebte. Fraukes Großvater, ein ehemaliger Richter, der wegen seiner Mitgliedschaft in der NSDAP nach dem Krieg sein Amt verlor, obwohl Zeugen bestätigen konnten, er sei nur in die Partei eingetreten, um jüdischen Einwohnern zu helfen, hatte das Haus bauen lassen und die Inneneinrichtung selbst gestaltet. Als Fünfzigjähriger hatte er noch den Beruf des Schreiners erlernt. Noch heute träume ich von diesem Haus, in dem Frauke jetzt wieder mit

Mann und vier Kindern lebt. Aber das Glück dort war nur von kurzer Dauer. Im Ort wurden uns Sexorgien angedichtet, die Polizei war immer wieder wegen anonymer Anzeigen zu Gast, und wenn jemand von zu Hause abgehauen war, wurde zuerst bei uns gesucht. Natürlich boten wir auch einigen Fahnenflüchtigen ein Versteck, was sich bei Suchaktionen der Feldjäger als besonders geeignet erwies. Unter einem Schlagzeug im Keller befand sich eine etwa sarggroße betonierte Kammer, in die genau eine Person paßte. Kamen die Feldjäger, so verschwand der Gesuchte blitzschnell im Sarg, wie wir es nannten, ein alter Teppich wurde darübergelegt und die große Schlagzeug-Trommel darauf plaziert. Und dann wurde getrommelt. Jedenfalls kündigte Fraukes Vater uns allen. Frauke mußte wieder zu ihren Eltern ziehen, und der Rest verteilte sich in irgendwelchen Wohngemeinschaften in den umliegenden Dörfern. Ich traf Frauke nur noch selten und heimlich. Wir liebten uns in einem VW-Bus und im Heuschober des Vaters, der mich dort morgens einmal entdeckte und nahe daran war, mich zu verprügeln. Ich versank immer tiefer im Suff und in Depressionen, klaute mir den Schnaps in Supermärkten und war in allen Kneipen verschuldet. In der Zeit bekam ich etwas Arbeitslosenunterstützung. Und dann hatte ich den Termin beim Kreiswehrersatzamt, meine Kriegsdienstverweigerung. Ich hatte mich überhaupt nicht vorbereitet, und der ganze Verhandlungsspuk dauerte nur zwanzig Minuten. Ich brachte meine Begründung tränenreich und stockend vor, ich könne einfach nicht, ich hielte das nicht aus, und war sofort anerkannt, Warscheinlich wegen psychischer Labilität, was mich allerdings nicht vor dem zivilen Ersatzdienst verschonte. Während der Verhandlung hatte ich eine ziemliche Fahne. Inzwischen hatte Frauke ihr Abitur in der Tasche und begann mit einem freiwilligen sozialen Jahr genau in dem Internat für Körperbehinderte, aus dem ich drei Jahre vorher rausgeflogen war. Wir waren immer noch zusammen, wenn auch mit den dazugehörigen Problemen wegen meiner Alkoholabhängigkeit, die ganz offensichtlich waren. Jedenfalls für die Menschen, die mir nahe standen. Ich war ein geübter Spiegeltrinker. Wenn ich mein Maß intus hatte, sah mir keiner die Abhängigkeit an. Allerdings mußte ich morgens schon regelmäßig kotzen und hatte immer eine Flasche bei mir. Die praktische Taschenflasche für den Spiegelsäufer. Ich wohnte in Fraukes VW-Bus und arbeitete tagsüber wie ein Angestellter im Internat, half beim Essenreichen, kleidete die Contergangeschädigten an und schob Rollstühle durch die Gegend. Quasi hatte ich jetzt meinen alten Job wieder, jedoch ohne Bezahlung und ohne Zukunftsaussichten. Das dauerte ein halbes Jahr so an, bis ich den Zivildienst antreten mußte. Der Zivildiensteinsatz dauerte genau eine Woche. Ich wohnte in einer WG in der Nähe von Kassel und tagsüber spielte ich mit Kinder in einem kirchlichen Kindergarten der Nachbargemeinde. Als mein offizieller Vorstellungstermin vor dem Kirchenausschuß näherrückte, überfiel mich die Angst und das große Zittern. Würde ich als Alkoholiker entlarvt? Könnte man mir meine Verzweiflung ansehen? Und es war auch diese unbestimmbare Angst, die ich auch heute noch in mir trage, die tief in mir sitzt.

Ich berichtete und erzählte, sprach mich ein Stück weit für eine Zeitlang frei, ohne von den anderen Patienten unterbrochen zu werden. Auch hier, in der psychiatrischen Heilanstalt, spürte ich mehr Familie als ich jemals in meiner leiblichen Familie hätte spüren können. Als mein Bruder, seine Frau und meine Mutter mich besuchten, hätte ich schreien können. Meine Mutter machte mir Vorwürfe wegen des Entzugs und schämte sich vor ihren Nachbarn. „Was soll ich denen denn erzählen, wo du bist“, flennte sie mich an und bezweifelte nachträglich die Notwendigkeit meines Aufenthaltes in der Klinik. Ich mußte erst einen Pfleger holen, der selbst trockener Alkoholiker war. Er versuchte Klarheit zu schaffen, was sich als unmöglich herausstellte. Ich war erleichtert, als sie wieder wegfuhren. Anschließend packte mich wieder das große Zittern und das wahnwitzige Verlangen nach Schnaps. Ich durfte inzwischen die Klinik verlassen. Ich rannte schweißgebadet in die nächste Ortschaft und kaufte mir drei Flaschen Korn. Dann ging ich in den Wald und focht einen entscheidenen Kampf aus. Ich öffnete eine Flasche und schnupperte an dem Sprit, der mir das Zittern nehmen konnte. War nicht sowieso alles egal, mein Zug längst abgefahren und war ich nicht des Lebens überdrüssig? Alles war doch nur Anstrengung und Qual und Warten auf das Ende. Aber dann hätte meine Mutter wieder gewonnen. Hatte sie soviel Macht über mich, daß nur ein paar Worte von ihr mich wieder in Abhängigkeit und Elend treiben konnten? Das darf doch nicht wahr sein! Ich setzte den Alkohol mit meiner Mutter gleich. Beide hatten mich unter ihrer Fuchtel, bestimmten mich, konnten mit mir machen, was sie immer wollten. Und heißt es nicht auch Alkoholmißbrauch? Mißbrauchte er nicht mich für sein teuflisches Spiel? Ich personifizierte den Sprit und setzte ihn neben meine Mutter. Beide, ja beide haben mir Leid angetan. Ich erinnerte mich an die Schläge ins Gesicht und auf den nackten Kinderpo. Aber alles weitere, an das ich mich erst später erinnern sollte, war noch zugedeckt, lag noch hinter einem Nebel der Schuld und der Verdrängung. Ich schleuderte die erste Flasche gegen einen Baum, schleuderte die zweite Flasche gegen meine Mutter und die letzte Flasche gegen den Alkoholteufel selbst. Der Schweiß stand mir kalt auf der Stirn. Dann wurde es ruhiger in mir, und um mich herum war friedlicher Wald. Und jetzt...

„Nicht jetzt", unterbrach mich Dadalo, der tief in mir zugehört hatte und von dem ich inzwischen wußte, daß er ein wesentlicher Teil meiner selbst war. „Was ist aus dem Zivildienst geworden? Warum auch da ein Bruch, eine Lücke? Ich will es wissen!"

Ja. Ich, ich hatte diese Angst, ich konnte diesen Leuten nicht gegeübertreten, ohne Gefahr zu laufen, mich in der Begegnung in Nichts aufzulösen. Ich hatte Angst zu zerbröseln, zu zerfallen, zu verdampfen oder was auch immer. Ich hatte ganz einfach Angst, zu sterben. Es war als könnten andere Leute in mich hineinsehen und all den Schmutz entdecken, den ich in meine Ecken gekehrt hatte. Ich fühlte mich noch immer schuldig, schuldig und hilflos zugleich. Ich war doch irgendwie aus Eis, aus Glas, ohne Gefühle. Sie hätten auf mich gezeigt und mich angeklagt. Sie hätten mich der Zerstörung des Lebens und der Unterwerfung der Seele angeklagt. Ich glaubte mich doch längst verrückt zu dieser Zeit. Ich war ein Schauspieler, der die Grenzen seiner Rollen erreicht hatte. Sie würden über mich urteilen und lachen. Ich fühlte mich nackt. Ich war ihnen ausgeliefert und konnte mich nur durch Flucht entziehen.

Und das tat ich dann auch. Ich stahl das Haushaltsgeld aus der gemeinschaftlichen WG-Kasse und legte einen Zettel in die Zuckerdose.

'Es tut mir leid, aber ich kann nicht anders. Ich muß weg!'

Ich dachte, ich könnte meine Angst hinter mir lassen und trampte nach Frankreich. Im Rhonetal wohnte ein Freund, der mich einige Wochen aufnahm und durchfütterte. Auf Dauer ging das nicht. Er gab mir etwas Geld und ich trampte weiter nach Andorra, Spanien, Portugal. Ich arbeitete tageweise im Hafen von Barcelona, pflückte Tomaten und Pfirsiche und klaute den Touristen ihre Taschen an den

Stränden. Ich sprach mit mir selbst und überlegte, wie ich mir am schmerzlosesten das Leben nehmen könnte. Aber der Schalk im Nacken ließ mich auch Postkarten an das Kreiswehrersatzamt schreiben. Ich schickte sonnige Grüße aus dem Süden. In Deutschland lief inzwischen ein Disziplinarverfahren gegen mich. In meiner Ausweglosigkeit baute ich mir doch immer wieder Möglichkeiten, die mir in eine andere Situation hineinhelfen konnten. Der Überlebenswille war stärker als die Resignation. Warum sollte ich mich nicht einfach als der Verrückte offenbaren, für den ich mich selbst hielt? Und Ausgeklinkte machen keinen Zivildienst. Verrückte dürfen nicht arbeiten, schon gar keine verantwortungsvollen Aufgaben übernehmen. Ob der neuen Perspektiven trampte ich zielsicher zurück nach Deutschland und meldete mich bei einem Psychiater und beim Kreiswehrersatzamt. Wegen verschiedener psychischer Defekte wurde ich kurzerhand zivildienstuntauglich geschrieben. Frauke hatte inzwischen einen anderen Freund. Wir trafen uns nur noch einmal und sie eröffnete mir, daß sie nie einen Orgasmus mit mir gehabt hätte. Jetzt hätte sie einen, was wohl am Gefühl läge, welches sich zwei Menschen entgegenbrächten. Ehrlich gesagt verstand ich sie nicht. Ich hatte mich immer wieder gewundert, daß sie so still im Bett war. Ihre Klitoris durfte ich nie stimulieren, sie wollte mich immer ganz. Die vielen anderen Frauen in meinem Leben wollten gestreichelt, geleckt, gerieben und gesaugt werden, und sie keuchten und wimmerten, stöhnten und schrien dabei. Ich verschaffte ihnen einen Orgasmus nach dem anderen und drang erst dann in sie ein, um mich zu befriedigen. Da waren immer zwei Menschen, die nach Befriedigung suchten und sie fanden, aber immer getrennt voneinander. Gemeinsames Gefühl gab es nicht. Ich war traurig nach der Aussprache, aber durch die Trennung auch wieder freier. Ich war verrückt

und frei. Aber nicht verrückt genug, denn ich war nicht glücklich.
Ohne Arbeit und Wohnung, mit einem Schreiben in der Tasche, welches mir Klaustrophobie und einem anderen Schreiben, welches mir Agoraphobie bescheinigte, saß ich auf der Straße. Ich trug eine tiefe Todessehnsucht in mir, machte mir aber zu viele Gedanken über ein Leben nach dem Tod, um mich ganz einfach umbringen zu können. Sogar diese letzte Möglichkeit sollte mir genommen werden, allein durch das Aufwerfen von Fragen und die Möglichkeit eines üblen Zwischenreiches für Selbstmörder. Ich wollte doch nur Ruhe. Und ich wollte keinesfalls in der kleinstädtischen Atmosphäre sterben, wo sich sogleich meine Mutter meiner Leiche bemächtigen konnte. Besonderen Horror hatte ich vor der Vorstellung, in einer Grube beerdigt zu werden, in die später noch meine Mutter gelegt werden würde.

Nachdem ich meiner Großmutter vorgelogen hatte, ich bekäme in Berlin sofort Arbeit und eine Wohnung, händigte sie mir ein Sparbuch aus, welches ich eigentlich erst nach ihrem Ableben erhalten sollte. Mit zweitausend Mark in der Tasche fuhr ich wieder nach Berlin. Im Zug erträumte ich mir ein kurzes, aber intensives Schriftstellerleben. Ich, wollte eine einzige Geschichte schreiben, die mit meinem realen Tod enden sollte, die letzten Zeilen sozusagen mit Blut geschrieben. Es kam dann ganz anders. Die nächsten zwölf Jahre waren eine Aneinanderreihung von Wiederholungen, von festgefahrenen Mustern, wechselnden Beziehungen und endeten nicht heroisch, sondern elend auf der Matratze, auf die ich mich zum Vermodern niedergelegt hatte. Natürlich flogen die Jahre nicht einfach dahin, aber aus der Distanz betrachtet sind sie ein einziger wirrer Traum. Ich sehe mich als Handelshilfsarbeiter in einem Supermarkt, als Aushilfsbriefträger, als Reklameblättchenverteiler, als Bauarbeiter, als

Pflegehelfer, als Rollstuhlschieber während der Bundesgartenschau, als Trödler, als Hausbesetzer, als Bierzapfer, als Reisegewerbetreibender, immer mit einer Flasche im Hintergrund. Und ich sehe Frauen, blonde und schwarzhaarige Frauen, dicke und dünne Frauen, schöne und abgetakelte, junge und alte Frauen. Geliebt habe ich keine. Und Liebe gespürt habe ich auch nicht. Ich kann nicht sagen, ob ich jemals aufrichtig versucht habe, einen Menschen zu lieben, vielmehr bildete ich mir in klareren Momenten eine moralische Vorstellung, die ich der Liebe gleichsetzte, da ich nicht wußte, was Liebe ist. Die unmoralischen Kräfte allerdings waren bestimmender. Heute weiß ich, daß ich jede Frau betrogen habe, da mir nicht die Frauen wichtig waren, sondern lediglich ihre körperliche Befriedigung. Und dabei war mir wichtig, daß ich diese Befriedigung herstellen konnte. Ich war nie selbstlos zärtlich, sondern der Bestätigung wegen. Und den Frauen hat es gefallen. Wenn ich mein Soll erfüllt hatte, befriedigte ich mich an ihnen wie an einem Ding, an einem lebenden Gegenstand und haßte, unterwarf, zwang und beschimpfte sie in meiner Phantasie. Im Grunde schlief ich immer mit meiner Mutter, die ich dabei totficken wollte. Mit großer Scham gestehe ich es heute ein. Und ich habe zielsicher immer wieder Beziehungen zu Frauen gehabt, die einer strafenden Mutter ähnelten. Ich habe die Mutter gesucht und so die Enttäuschung gefunden. Ich habe immer was in die Frauen hineinprojiziert, das ich sehen wollte, und sie so nie als Persönlichkeiten wahrgenommen. Und die Frauen folgten ihren Mustern und waren nicht anders als ich. Sie sahen den ausgeflippten Dichter, manchmal den fast hilflosen Melancholiker, einen unangepaßten jungen Mann, einen Lebenskünstler. In Wirklichkeit suchten sie einen starken Partner und einen Vater. Alle waren von ihren Vätern enttäuscht. Nach geraumer Zeit entpuppte ich mich als haltlos, als Säufer, als gescheiterte Existenz, als ein Mensch, mit dem eine gemeinsame Zukunft ausgeschlossen war. Und ich führte ein Doppelleben. Ich war treu und verständnisvoll, wobei mein anderes Ich sich in Nachtclubs herumtrieb und Nutten besuchte. Die Beziehungen zu den Huren waren die ehrlichsten. Es war ein klares Geschäft und sie waren dazu da, mich zufriedenzustellen. Dafür hatte ich manche wirklich lieb und achtete sie. Von ihnen konnte ich mich lecken und blasen lassen, ihnen auf den Arsch spritzen und meinen Saft auf ihren Brüsten verreiben. Sie machten ihren Job und ich bezahlte sie dafür. Vor ihnen hatte ich keine Angst, und sie bestraften mich nicht und zwangen mich zu nichts. Die andere Hälfte in mir schämte sich allerdings anschließend und eigentlich konnte ich nie glauben, daß ich der bin, der in den Puff ging. Dann kaufte ich Blumen für meine Freundinnen und war besonders aufmerksam und zärtlich zu ihnen. Ich war einfach ein anderer Mensch, ein Mensch, der sich selbst verurteilte. Ich wollte die andere Hälfte abschneiden, töten, verleugnen, vergessen. Das gelang mir immer wieder im Rausch. Im Alkohol konnte ich vergessen und mir neue Persönlichkeiten schaffen. Alles, was ich wollte.

An meine Jobs erinnere ich mich nicht gern. Die Arbeit.als Pflegehelfer in der Kinder- und Jugendpsychiatrie war mehr als deprimierend. Zuerst hatte ich alle Hände voll zu tun, meinen Suff geheim zu halten. Ich kaute Kilometerstreifen Pfefferminzkaugummi und lutschte Fahnentod. Ich mußte mir kleine Verstecke für den Schluck zwischendurch einrichten, beispielsweise im Klospülkasten. Morgens stand ich schon zwei Stunden früher auf, um klarzukommen. Kaum auszuhalten waren die Zustände in der Einrichtung. Kinder und junge Erwachsene zwischen zehn und einundzwanzig Jahren wurden dort einfach nur verwahrt. Meine Aufgabe war es, beim Waschen und Einkleiden zu helfen, Essen auszuteilen und Medikamente zu verabreichen, morgens

Muntermacher und nachmittags Dämpfer. Ansonsten konnte ich vor einer Panzerglasscheibe an einem Schreibtisch sitzen und die Menschen dahinter beobachten, die sich in einem kahlen Raum mit festgeschraubten Möbeln und ohne Beschäftigungsmöglichkeit aufhalten mußten, Tag für Tag, Woche für Woche, einige waren schon Jahre hier. Die Kinder waren weder total abgedreht, noch gefährlich. Man wußte ganz einfach nicht, wohin mit ihnen. Da gab es den Araberjungen, der immerzu lächelte und kein Wort sprach. Nicht einmal die Stationsschwester konnte mir sagen, ob er unsere Sprache versteht. Und da war die Fünfzehnjährige, die allen immer wieder ihre Brüste zeigte. Ihr Vater hatte sie jahrelang vergewaltigt. Und die kleine Griechin, die nie ihre Medizin nehmen wollte und der die Arme umgedreht wurden, und das Scheißzeug eingeflößt. Durchweg arme, vernachlässigte Kreaturen waren dort auf Gedeih und Verderb eingesperrt. Einer ging sogar zur Realschule. Er durfte morgens die geschlossene Abteilung verlassen und wurde nachmittags wieder eingeschlossen. Er war sogar gern dort, wie er mir erzählte, als er mir seine Narben auf Rücken und Armen zeigte. Sein Vater hatte Zigaretten auf ihm ausgedrückt und war jetzt wieder aus dem Knast entlassen. Der Junge hatte Angst und wollte eingesperrt sein. Aber gekündigt habe ich nicht, weil ich das alles nicht sehen konnte. Ich war mit einer Arbeitskollegin um die Ecken gezogen, und wir hatten ordentlich gepichelt, was dazu führte, daß wir uns morgens ziemlich verstört in die Augen sahen. Sie verschwand wie der Blitz aus meiner mit leeren Flaschen angefüllten Wohnung. Ich saß nackt auf dem Teppich und fühlte mich ertappt. Ihr konnte ich nie wieder begegnen, das war einfach so. Den Job im Supermarkt habe ich auch verloren, indem ich nicht mehr hinging. Ich hatte Flaschen falsch in ein Regal geräumt und war vom Filialleiter angeschnautzt worden, was mich veranlaßte, die Flaschen auf den Boden zu knallen und zu gehen. Ein Kollege rief mich an und teilte mir mit, daß die Sache vergessen sei. Für mich war es zu spät. Ich hatte mir eine Blöße gegeben. Der übelste Job war, als ich für fünf Mark Stundenlohn Schornsteine abreißen mußte. Bevor ich auf die Dächer kletterte, mußte ich mindestens einen halben Liter Wodka in mich schütten, da ich nicht schwindelfrei bin. Am sichersten waren noch die Jobs als Zapfer in diversen Kneipen. Einmal war ich immer an der Quelle, zum anderen konnte ich mich jederzeit von Frauen mitnehmen lassen. Da gab es ein breites Spektrum, das von der gebildeten, frauenbewegten Vielrednerin, die mich für ein one-night-stand benötigte, bis zur versoffenen Dauerzecherin, die sich vorm Ficken erstmal auskotzte, reichte. Kam immer drauf an, ob ich gerade in einer Szene-Kneipe oder einer Tag- und Nacht-Spelunke arbeitete. Es war überall das gleiche Spiel und wir waren schlimmer als die Tiere. Es gab Frauen, die sich für ein Freibier von hinten auf dem Klo bumsen ließen, und Frauen, die noch zahlten, wenn ich mitkam.

Heute erkenne ich das Spiel und meine Abwesenheit. Mein wirkliches Ich stand immer abseits, irgendwo über mir, hing im Nebel. Sogar während der erträglicheren Zeiten hielt ich geheime Zwiesprache mit meinem Geist, dem Dichter, wie ich ihn nannte. Wenn ich erst einmal meinen Körper losgeworden wäre, kehrte meine Seele zu ihm zurück. Er war frei, dachte ich damals. Mit ihm ließ ich mich auch immer wieder auf Kompromisse ein. Ich sollte es so nehmen, wie es ist, flüsterte er mir zu, und mich auf die kommende Heimkehr freuen. Aber andere Stimmen mischten sich ein und behaupteten ebenfalls, meine wahre Persönlichkeit zu sein. Aufgespalten in viele Charaktere, wußte ich oft gar nicht mehr, wer ich war. Und Dadalo war immer schon dabei. In ihm haben sich inzwischen die anderen Stimmen versammelt und ihn erkenne ich als wesentlichen Persönlichkeitsanteil an.

Ich war und bin eine gespaltene Person, die ihre Masken nicht nur verändern konnte, sondern gezwungen war, immer wieder die Gesichter zu verändern. Ich war ein Verbrecher und ein Mönch, ein Liebesdiener und ein Genie, aber ich war nie ein erwachsener Mann, sondern blieb dabei immer ein spielendes Kind, das sich in eine Rolle rettet. Zu den schönsten Spielen gehörte die Rolle des Falaffelverkäufers. Ich sah mich mit einem Kaftan bekleidet auf einem orientalischen Basar. Ich war ein verkleideter König, der sich als Händler zwischen das Volk gemischt hatte, um dessen Gewohnheiten zu studieren. Falaffel werden aus Kichererbsen zubereitet, die mindestens zehn Stunden in Wasser quellen müssen. Dann werden sie, zusammen mit Petersilie und Zwiebeln, durch einen Fleischwolf gedreht und zu kleinen leicht abgeflachten Bällchen geformt, die in sehr heißem Öl kurz gebacken werden. Mit Krautsalat, Gurken und Tomaten werden sie in eine Fladenbrottasche gepackt und mit Sesam- oder Knoblauchsauce verfeinert. Das besondere aber ist der unverwechselbare Geschmack und Geruch, der vom Cumin, einer Kreuzkümmelart, herrührt, und dem Falaffelteig zugegeben werden muß. Zwei Jahre lang hatte ich diesen Geruch in der Nase. In den Anfängen war ich mit einem Tapeziertisch, einem Gaskocher und zwei Töpfen auf Straßenfesten, später dann verköstigte ich schon Hundertschaften auf Großveranstaltungen und Festivals, ausgerüstet mit eigenem Verkaufsstand, Großküchenmaschine und Lieferwagen. Und ich handelte mit Wein, mit herbem okzetanischem Landwein, den ich direkt aus dem Süden Frankreichs heranschaffte. Wahrscheinlich besäße ich heute ein Falaffelrestaurant, wäre ich nicht selbst mein bester Weinkunde gewesen und hätte sich nicht damals meine Freundin von mir getrennt. Sie war fast immer mit mir unterwegs, bevor sie einen ihrer beruflichen Qualifikationen entsprechenden Job als Drogenberaterin antrat.

Mir hatte sie nicht helfen können und ich wollte auch keine Hilfe, denn ich war ein orientalischer Falaffelverkäufer, dem es nun einmal eigen war, täglich mehrere Liter Wein zu trinken. Ich hatte einen schweren Autounfall wegen Volltrunkenheit und war ohne Fahrerlaubnis unbeweglich und gab das Gewerbe auf. Damit änderte sich die Rolle. Nun war ich ein von Gott und Familie, von Frau und Freunden verlassener und betrogener Poet, der einem Gelübde treu sein mußte. Er durfte nie ein Gedicht schreiben, so sehr es ihn auch quälte, da alle Wörter nur Blendung sind und wirkliches Empfinden retuschieren und entstellen. Wahre Empfindungen verurteilen den Dichter zum Schweigen. Ein bitteres Los. Diese Rolle war so tief in mir besetzt, daß ich die kommenden Jahre im Rausch versank. Zu dem tragischen Poeten gesellte sich der Dieb, der Antiquitäten stahl, um dem Dichter Schnaps zu kaufen. Erst als der Mörder offenbar wurde und vorschlug, einen Spirituosenhändler zu überfallen und zu ermorden, schloß ich mich in der Wohnung ein.

Nach dem Alkoholentzug in der Psychiatrischen Klinik suchte ich nach einer Möglichkeit, mein Haus weiter zu bauen. Ich sah den Entzug als Teil des Fundaments, welches noch lange nicht fertig gegossen war. Zurück in Werretal galt ich als der kranke Depp, der Psychopath, dessen Perspektive es war, Haus und Hof und Kinder zu hüten, dem zugepfiffen wurde, um ihn springen zu lassen, wie einen dressierten Hund. Meine Angst war ja nicht plötzlich verschwunden, sondern ohne Alkoholdämpfer viel offensichtlicher. Dazu kam, daß meine Mutter mir vorschlug, wieder ins Kinderzimmer in ihrer Wohnung zu ziehen. Vater äußerte sich gar nicht, saß nur in seiner Küchenecke und zitterte und schwieg. Er war ein alter kranker Haushund, zu nichts mehr nütze, und bekam widerwillig den Napf vorgesetzt. In die gefügige Dankbarkeit, die meinem Vater abverlangt wurde, wollte ich nicht verfallen. Ich kümmerte mich intensiv um einen Therapieplatz in einer Fachklinik für Psychosomatik und schaffte es bald, eine Kostenübernahme vom Landeswohlfahrtsverband zu erwirken. Nach einigen Monaten, in denen ich noch den Hund spielte, bekam ich einen Platz in einer Fachklinik mit dem schönen und mehrdeutigen Namen 'Tiefenbrunn'. Dort fand ich Gelegenheit zur Erholung. Ich ließ mich massieren, ging schwimmen, wurde wegen meiner Exzeme bestrahlt und gesalbt, ließ mein Gebiss vervollständigen und lag stundenlang in der Sonne. Ich ging gegen die Angst vor Menschen an, suchte deren Nähe und das Gespräch, was nicht so schwer war, da wir alle unsere Macken und Ängste hatten. Mein gelegentlicher Verfolgungswahn fiel gar nicht so ins Gewicht. Da gab es Patienten, die nicht über Brücken gehen konnten, nicht mit dem Bus fahren, die nicht ohne Licht schlafen konnten oder kein Gespräch führen konnten, ohne zu erröten und zu stottern. Im Angesicht dieser Fehlfaktoren vergaß ich sehr schnell meine psychischen Defekte und konzentrierte mich ausschließlich auf meinen Körper. Schließlich war ich zur Kur. Schon bald hatte ich wieder eine Rolle angenommen und war als Strahlemann bekannt, der nicht selten gefragt wurde, warum er denn eigentlich in der Klinik sei. Zur Erholung, sagte ich dann und blinzelte vielsagend. Es war inzwischen Frühling geworden. Stundenlang ging ich mit Patientinnen spazieren, küßte und streichelte ihre Brüste in der Sonne und nachts schlich ich in so manches Zimmer, um die täglichen Spiele fortzusetzen. Ich hatte keine Ahnung, daß ich mir schon wieder selbst auf den Leim ging und voll in meiner Dressur war. Natürlich wollten alle wieder nur das eine, und ich erfüllte bereitwillig ihre Wünsche. Nur das gab mir Daseinsberechtigung und nur so konnte ich meine Fragmente zusammenhalten. Ohne Bestätigung wäre ich zu Staub zerfallen und Bestätigung bekam ich nur so, wie ich es gelernt hatte, wie es mich meine Mutter gelehrt hatte. Die Therapie in Tiefenbrunn sollte eigentlich ein erster Baustein sein, aber ich war ein ziemlich überheblicher Maurer, der den Mörtel bis zur Unergiebigkeit streckte und sich als Architekt ausgab. Über die Therapeuten konnte ich nur lachen, so trocken und steif erschienen sie mir. Ich kümmerte mich um meinen Körper, was zweifellos gut war, nicht aber um meine Seele und meinen Geist. Ich beschäftigte mich mit aufgesetztem positiven Denken und esoterischem Schmalz, hüpfte lächelnd durch Park und Flure und verlagerte ein erfundenes Gefühl nach außen, sichtbar für die Frauen, von denen ich angenommen werden wollte. Keine Frage, daß das Spiel klappte, denn die meisten Menschen wollen betrogen werden. Von der Klinik aus bewarb ich mich um einen Ausbildungsplatz zum Altenpfleger in Werretal und erhielt eine Zusage. Den ersten Arbeitsversuch, der seitens der Klinik verabredet war, konnte ich schon nicht mehr ernst nehmen. Ich war für ein Arbeitstraining in einer Gärtnerei vorgesehen.

Schon während der Fahrt nach Göttingen in die Gärtnerei packte mich die Angst im Nacken. Eigentlich war das Mißlingen des Arbeitsversuches bereits klar, als der Therapeut davon sprach. Die Unmöglichkeit war fest programmiert. Da ich aber nach der Kur meine Ausbildung beginnen wollte, mußte ich diese Herausforderung annehmen und meine Stabilität beweisen. Im Bus hatte ich Herzflattern und weiche Knie, das zu Erwartende wurde bedrohlich.

Dort würden Menschen sein, die mit der Arbeit vertraut waren. Für mich ist Arbeit nicht nur ein Reizwort, sondern einfach unmöglich. Sie ist mein Feind, will mich foltern und morden, ist Person, ist ein getarnter Dämon, der mich der Lächerlichkeit und des Unvermögens preisgeben will. Allein das Wort verursacht mir Schmerzen. Ich schaffe es nicht. Ich kann es nicht. Kann nicht. Nicht, nicht, nicht. Mutter hat meine Gedichte verbrannt. Ich durfte nicht malen. Ich durfte nicht singen. Laß dies, laß das, faß das nicht an! Sie hat meine Waschtrommel, mein Kinderschlagzeug, zertreten. Sie hat Vaters Mundharmonika weggeschlossen. Wir mußten schweigen und stillsitzen. Wir werden es nie zu etwas bringen. Ihr taugt zu nichts! Ich war schon eine Stunde vor Öffnung vor der Gärtnerei. Genau wie früher die Schule und meine diversen Arbeitsplätze, begann ich die Gärtnerei zu umkreisen, zog immer engere Kreise um das Gebäude, bis ich tief Luft holte und eintrat. Kaum im Laden, war ich scheinbar die Sicherheit selbst, ließ mir die Arbeit zuweisen und band bis zum Mittag Blumen in Drahtmatten hoch, da sie keine Kraft hatten, sich selbst zu halten. Mittags blieb ich allein vor dem Gewächshaus. Keine zehn Pferde hätten mich in den Frühstücksraum bringen können. Abends stieg ich total fertig in den Bus und fuhr in die Klinik zurück. Am nächsten morgen wurden die Kreise nicht enger, sondern weiter und weiter, bis ich mich schließlich in der Fußgängerzone wiederfand. Es war vollbracht, ich war gescheitert. Niemals hätte ich meine Unfähigkeit eingestehen können. Noch am Nachmittag ließ ich mich auf eigenen Wunsch aus der Klinik entlassen, mit der Begründung, ich wolle meine Zeit nicht länger in einer Gärtnerei vertrödeln, wo ich doch bereits einen Ausbildungsplatz in einem Altenheim in Aussicht hatte. Einen Arbeitsversuch in einem Altenheim, ja den würde ich mit Freuden annehmen. Das hielt der Therapeut für unverantwortlich, ich knallte die Tür und ging.

Ich wohnte wieder in Werretal bei meinem Bruder, hütete Hof und Kinder, erledigte die Einkäufe für meine Mutter, trank ihren bitteren Kaffee und hörte den Leidensgeschichten zu. Nachts hatte ich widerliche Träume, bewegte mich durch dunkle sumpfige Gassen, rechts und links Lagerschuppen, in denen durchweichte, modernde Filzballen

aufgestapelt lagen, zwischen denen verhungerte Gestalten schliefen. Nein, sie wohnten dort, lebten im schlammigen Filz, in dauernder Dunkelheit. Hier hatte die Sonne noch nie geschienen. Auch ich war ein Bewohner dieser riesigen Filzlagerstadt, meine Füße und Knöchel moderten im Schlick, einzelne Finger waren mir abgefault, mein Kopf war weiß und schwammig und mein Gesicht mit Geschwüren bedeckt. Und doch war ich auch nur ein Besucher in diesem Traum, dem verdeutlicht werden sollte, daß er Jahrhunderte hier gelebt hatte und wieder hierher zurückkehren müsse, wenn er seine Aufgabe nicht erkennt.
Wieder wach, hatte ich keine Zweifel an der Wahrhaftigkeit dieser Voraussage. Und ich kannte meine Aufgabe nicht. Ich war verloren in einer Zukunft voller Dunkelheit, Moder und Schlamm, ich war verloren in eine Hölle, aus der ich erst aufgestiegen war. Wie konnte ich nur gleichzeitig den Tod herbeiwünschen und von meiner Heimkehr ins Licht träumen? Denn auch davon träumte ich. Immer wieder fand ich mich in einer Höhle gefangen, wurde von Toten eingekreist, die mich durch ihre Berührungen zu einem der ihren machen wollten, und immer in letzter Sekunde öffnete sich die Unterwelt. Aus einem Spalt hoch über mir drang fast goldenes Licht und farbige Lianen fielen auf mich herab, an denen ich mich wie ein verwundeter Tarzan emporhangelte, hinein ins Licht und heraus aus dem Traum. Ich konnte nie erfahren, was im oder hinter dem Licht war. Jedesmal wieder wußte ich nur, daß ich mich für Gott entscheiden sollte, und ich erahnte ihn tief in mir selbst, weder weiblich noch männlich, ein Gott ohne Artikel und ohne besitzanzeigendes Fürwort. Meine Angst sollte mich voranbringen. Meine verfluchten Fragen ließen mich Bücher verschlingen, ich laß Steiner und Blavatsky, Jung-Stilling und Schelling, Moody und Gerber, die Bibel und den Koran, die Upanishaden und Jung, die Bhagavadgita, Augustinus und Böhme, einfach alles, was

ich in die Finger bekommen konnte und fand überall den Hinweis auf ein Innenleben. Vor meinem Innern fürchtete ich mich.

Meine Arbeit im Altersheim dauerte genau zehn Tage, Tage im Schwindelgefühl, voller Kopf- und Magenschmerzen, Zittern und Schweiß. Nachts machte ich kein Auge zu, da ich fürchtete, am nächsten Morgen unpünktlich zu sein. Dann zog ich meine Kreise. Ich vergaß einen alten Mann in der Badewanne, bis er schon aufgeweicht war, ich versäumte es, Katheter zu verschließen, so daß Pisse in Betten und auf Fußböden lief, ich verwechselte Mahlzeiten und taumelte wie ein Betrunkener nach Hause. Abends kotzte ich Galle. Am elften Tag führten mich meine Kreise zum Gesundheitsamt, wo ich einen Teil meiner Geschichte erzählte. Der Besuch beim Gesundheitsamt brachte mich vier Monate später nach Heidelberg, wo ich in einem Arbeitstrainingszentrum Kartoffeln zentnerweise schälte, Gemüse putzte, kellnerierte, kotzte, am Kiosk Kaffee und Brötchen verkaufte, nachts wie eine Maschine Frauen beglückte, die anschließend zu ihren Männern heimkehrten, schrubbte und wischte und nach sechs Monaten, nachdem ich zwanzig Kilo abgenommen hatte, zusammenbrach. Wie immer.
Das war der letzte Versuch. Ich war untauglich, krank, graue Haare, ein alter Hund. Ein alter Hund, der vielleicht noch Zuflucht bei einer alten Frau finden konnte, wobei mir sofort meine Mutter einfiel, was ich ihr nicht gönnen wollte. Langsam drehte ich ab. Ich redete mit mir selbst in allen Personen, war aber nach außen ein freundlicher Mann in mittleren Jahren, in dem mörderische Phantasien tobten. Dadalo als Beschützer an meiner Seite, was ich zu dieser Zeit noch nicht wußte, fand ich eine Wohnung in einer therapeutischen Wohngemeinschaft in Kassel. Klappe zu. Hier tummelten sich Psychopathen verschiedenster Couleur,

Himmler und Hitler in Frauengestalt, ein Heiliger, ein Möchtegernvatermörder, der mir als Möchtegernmuttermörder besonders sympathisch war, Nymphchen, ein ehemaliger Priester und einige Mantafahrer. Allesamt liebenswerte, gut medikamentierte Menschen, die ab und zu einen Suizidversuch wagten und hin und wieder Urlaub im Psychiatrischen Krankenhaus machten. Als typischer Grenzgänger war ich für diese Szenerie natürlich wieder viel zu gesund und wurde nicht selten für einen der betreuenden Psychologen gehalten. In Wirklichkeit war ich Spitzwegs 'Armer Poet' tagsüber, und fand mich als dressierter Hund nachts in den Armen einer Frau, die meine Mutter hätte sein können, aber die Sprechstundenhilfe meiner Gesprächstherapeutin war. Alle wie immer. Ohne Dadalo, der mich auch ohne Worte immer piesackte und von Ort zu Ort trieb, hätte ich den Rhythmus beibehalten und wäre in eindeutige Wahnwelten versunken. Immer freundlich und korrekt.

So führte mich mein Weg, den ich teils aus eigener Kraft ging, und teils von einer anderen Kraft gezogen wurde, in die Habichtwaldklinik, eine Fachklinik für Onkologie und Psychosomatik, die von Normalmedizinern als Hokuspokusladen belächelt wurde. Dort durfte ich vierzehn Wochen sein. Hagen, der Chefarzt und mein Therapeut, war wirklich ein Zauberer, der mir viele Spiegel vorhielt, und Dadalo, der sich in dieser Zeit zu einer teuflischen Fratze ausgewachsen hatte, ernst nahm. Hagen führte mich, mal behutsam, dann wieder mit liebender väterlicher Strenge, zu meinem Teufel, meinem Innenleben hin, und verstand es, Dadalo zu locken, gerade so, als hätte Hagen selbst mit Teufeln gerungen und könnte deren Charakter durchschauen. Einmal verlor Hagen einen Zettel, auf dem "Patienten immer ins Licht führen / schwarze Personen zuerst distanziert beobachten / selbst Licht nachtanken" stand. Er mußte ein Geheimnis hüten und doch wohldosiert davon abgeben. In den ersten Wochen verfing ich mich immer wieder in alten Mustern und war gentleman-like, ein überheblicher Lächler, der eine oberflächliche Beziehung zu einer Patientin pflegte, zur beiderseitigen puren Selbstbestätigung der Körper. Vielleicht brauchte ich das noch, um meine Anwesenheit zu überprüfen. Ich bestand ja aus Kontrolle und Traum. Hagen und der Kartenleger, Oberarzt Kunz, durchschauten mein Spiel und gaben mir zwei Wochen Nachschlag, die entscheidenden Wochen, in denen ich mit Dadalo in den Wald ging und kämpfte, und in denen ich meine Frau kennenlernte. Als ich schmutzig und zerkratzt aus dem Wald kam, strich mir die Liebste über die Arme und abends lag eine blaue Kerze vor meiner Tür. Mit ihr kamen die Gedichte zurück, meine eigene Sprache, die meine Mutter ins Feuer geworfen hatte, als ich noch ein Kind war.

Als meine Wunde eiterte
die von den Eltern beigebrachte Scham
ging ich allein

nicht mehr begehrt
war Haut nur Mantel für die Knochen und meine
Seele nicht geliebt

Auf einer Lichtung
nachts
regnete es Asche auf mein Haar

und Schlamm
und Schlacke war
wo vorher die Gedanken wohnten

Ich suchte Schutz

vor dieser Welt
in einem Himmelshafen

doch Steine vor der Einfahrt
versperrten meinem Kinderkahn
den Weg

Da half kein Schreien
und kein Strampeln
als ich versank

schaute der Vater weg
die Mutter
löste Kreuzworträtsel

Und doch war Licht
auf der anderen Seite des Mondes
war Licht

stand die Trauer
in einer weißen Flamme
rannen mir kalte rote Tränen über das Gesicht

Ich werde dich nicht mehr fragen
Frau
woher du kamst

und warum du mir
zur rechten Zeit
eine blaue Kerze schenktest.

Sie war schon immer meine Frau und ich schon immer ihr Mann, wir sollten wieder voneinander, miteinander lernen, erfahren, was Liebe ist. Das tun wir jetzt seit fast drei Jahren, mit allen Widersprüchen und dem Streit, den es gibt, seit es Mann und Frau gibt. Sie gibt mir die Möglichkeit, zu erfahren, zu spüren, daß hinter den Körpern die Liebe liegt. Ich lerne nicht gerade schnell. Anfangs zuckte ich bei jedem zarten Streicheln über meinen Bauch, über mein Herz, zusammen und wehrte mich sogar. Ich war eine einzige Blockade, die nur mit Geduld und Tränen zu durchbrechen war. Ich konnte nicht begreifen, daß meine Frau mit mir schlief, nicht der Befriedigung wegen, sondern um Gefühl zu leben. Dabei gab sie mir, bis vor einiger Zeit, die Möglichkeit, auch meinen Hass und meine Aggressionen auszuleben. Ich konnte alles mit ihrem Körper machen, sie war Nutte und Mutter, war Gefangene und ein verdorbenes Kind, so lange, bis die Notwendigkeit der Rituale wegfiel. Ich glaube, sie ist die einzige, die mich erkannt hat und wachsen läßt. Und oft frage ich mich, ob es mir in diesem Leben noch gelingt, auch sie zu erkennen. Ich wünsche es mir sehr und falle allzuoft in meine alten Gewohnheiten. Wenn ich ihr sage, daß ich sie liebe, höre ich noch oft genug in einer Ecke meines inneren dämonischen Gewölbes meine Mutter zetern: "Mich sollst du lieben! Nur mich!", und deshalb spreche ich die Worte "Ich liebe dich" wohl auch zu oft aus, weshalb sie manchmal belanglos klingen mögen.

Einmal wöchentlich gehe ich zur analytischen Therapie, lerne sehen, hören, streiten und spiele noch oft mit dem Therapeuten, der mit seiner Lehrmeinung und Blauäugigkeit nicht gerade zur spirituellen Spezies seiner Gattung gehört. Ich lese weiterhin viel, inzwischen aber nicht nur Fachbücher und theologische Schinken, sondern Romane und Gedichte. Und ich warte auf Dadalos Bilder, die ich immer wieder in Gedichte formen werde. Was Arbeit betrifft, mahnt mich meine noch vorhandene Angst zur Vorsicht. Meine Arbeit ist es, fühlen zu lernen. Deshalb brauche ich viel Ruhe. Ich werde mir das Funktionieren nicht antrainieren. Die allgegenwärtige Geschäftigkeit lenkt mich nur von mir selbst ab. Da mache ich einfach nicht mit. Ich suche die Liebe, die wahrscheinlich weder schön noch schrecklich ist, sondern beides und noch viel mehr. Ein Stück habe ich schon gefunden. Und ich danke meiner Mutter, daß sie mich nicht abgetrieben hat, als ich mich entschlossen habe, geboren zu werden. Ich danke meinem Vater, daß er immer genug Futter herangeschafft hat. Dafür danke ich meinen Eltern. Für sonst nichts! Ich bin euch nichts schuldig geblieben!

"Ej Dicker, träumst du oder was!? Ich brauch' mal 'n paar Reißzwecken oder Stecknadeln. Mein Poster ist von der Wand gerutscht."
Ich schrecke hoch und will mich gerade wundern, welche Verkleidung Dadalo nun wieder angenommen hat. Grüne Haare, Palästinensertuch, grüne Doc Martins, ein "Nazis für 'n Arsch!"- T-Shirt und ein breites Lachen im Gesicht, erkenne ich den Sohn meiner Frau, der quicklebendig und das Leben herausfordernd vor mir steht.
"Wie kann man nur drei Tage lang so völlig weggetreten sein und trotzdem so viele Seiten volltippen. Da hat sich meine Mutter aber einen komischen Vogel angelacht", grinst er mich an.
Ich gebe ihm die Reißzwecken, und nachdem er pfeifend abgezogen ist, öffne ich mein Fenster weit und lasse frische Luft, das Geräusch der Straße, Vogelgezwitscher und allerlei Hintergrund ins Zimmer.
Bei Borderline, dem Schutzengel der Grenzgänger zwischen Wahrnehmung und Wahrheit, schwöre ich, daß ich auf der Matratze in Berlin lag, von einem Polizisten und meiner Mutter gefickt wurde, vom Stuhl gekippt bin, in "Yellow submarine" mitgespielt und mit Dadalo gesprochen habe.

"Klar doch!", zwinkert mir Dadalo, auf dem Fensterbrett sitzend, zu.

Die vorangegangenen Aufzeichnungen fand ich während unseres Umzuges unter einem Stapel Bettwäsche im Kleiderschrank. Der überwiegende Teil des Textes war mit der Maschine getippt, in einigen handgeschriebenen Passagen erkenne ich jedoch eindeutig meine Schrift. In ganzen Sätzen kippen die bauchigen Buchstaben nach vorn um, fallen auf die Nase, wie mein Grundschullehrer immer sagte. Dafür bin ich oft getadelt worden. Die Wörter wollten vom Papier flitzen, dachte ich damals. Sie wollten nicht gesetzt sein, flohen ihrer Existenz und stolperten über ihre Möglichkeit. Dann wieder sind vollständige Absätze in fast unleserlicher Miniaturschrift gehalten, gezwängt, wie etwa ein ängstlicher Mensch schreibt, oder einer, der nicht ertrappt werden will, oder einer, der notiert, aber nicht gelesen sein will. Aber es ist immer meine Handschrift, ganz egal, ob groß oder klein. Immerhin etwa 100 Seiten. Und ich kann mich nicht daran erinnern. Ich habe viel geschrieben, aber doch nicht so. Da schreibt ein Kind und da schreibt ein Psychopath. Ich bin ein Dichter. Mein Name ist Borderline, auch wenn ein anderer Name in meinem Paß steht. Nur ich weiß schließlich, wer ich bin. Ja, ich habe viel geschrieben, viel mehr aber nicht geschrieben. Ich kann und will mich nicht wehren; ich gehöre der durchdrungenen Gattung der Dichter an, der meist doch schweigenden Art, da ich mir der traurigen Aneinanderreihung der Wörter bewußt bin. Mein Ziel, wenn auch nicht mein Bestreben, ist die Aufhebung des Schutzschildes, welches die Sprache zwischen Person und Wirklichkeit schiebt. Breton hat das versucht, und Rimbaud ganz anders. Und vielleicht die Dadaisten. Alle miteinander haben sich in ihren Versuchen erschöpft und veräußert. Ich liebe sie ob ihrer Hilflosigkeit innerhalb des Gespinstes der Künste. Es

bleibt großartig, sich dem Gespött und der Lächerlichkeit preiszugeben.
Meine Gedichte werden nur von wenigen Menschen gelesen. Verstanden werden sie kaum. Sie sind nicht zu verstehen, sind nur fühlbar, sie durchdringen, lassen erschaudern, erfreuen, sind, oder sind gar nicht. Aber was hat mein Dichterleben mit dem Gestammel in den gefundenen Aufzeichnungen gemein? Sind da Suche und Hoffnung? Ist es nichts als heilende Schreibe, ein Versuch, Heimat zu finden?

Ich komme aus dem silbernen Mond, in den ich für eine Zeit zurückkehren werde, bevor ich auch noch die ätherischste Substanz verliere. Das ist sicher. Es geht nicht ums Aushalten, es geht um Verwandlung in der Fremde. Das ist Kunst. Kunst ist wie Gott. Und hinter der Verwandlung gibt es keine Wörter und kein Leiden. Hinter Gott ist nicht einmal mehr Gott. Wir werden eine Weile zum Vergessen genötigt. Nur so garantieren wir denen, die schon in Vergessenheit leben, daß sie nicht verrückt werden. Deshalb werden Dichter verbrannt, erschossen, gefoltert, verboten. Aber wer kann schon das Selbst vernichten!

Koffer auspacken! Wir haben eine 3-Zimmer-Wohnung bezogen. Da Dichter kein Geld erarbeiten können, das ist unmöglich, mußte ich einen kleineren Gewinn in einer Gratisverlosung erzielen. So können wir zusammen wohnen und einige Möbel kaufen. Ansonsten erhalte ich weiterhin Sozialhilfe, nachdem ich mir die Bescheinigung der Erwerbsunfähigkeit über Jahre hin erdichtet habe. Meine Gedichte stehen im Staub und ich werde fürs Nicht-Gelesen-Werden entlohnt. Karg zwar, aber es reicht. Den Glauben an eine höhere Gerechtigkeit habe ich im Laufe der Zeit gewonnen. Nur manchmal muß ich etwas nachhelfen.

Die Koffer können auch noch morgen ausgepackt werden. Ein neuer Lebensabschnitt beginnt. Mir bleibt die Unmöglichkeit, mich mitzuteilen. Wir leben jetzt wie eine Familie zusammen. Drei Fremde, die von einer Ahnung gehalten werden, die vielleicht einmal Täter und Opfer waren und die Chance zur ausgleichenden Liebe erhalten haben.
Der eine Fremde hämmert nebenan Punk in eine Bassgitarre. Die andere Fremde sitzt in ein Buch vertieft zwischen den Umzugskartons. Und ich werde die gefundenen Aufzeichnungen eintüten und an einen Verlag schicken. Man weiß ja nie. Und dann muß die Küche gestrichen werden.

Aus: Kernberg / Borderline-Störung und pathologischer Narzißmus

... Furcht, von anderen angeblickt zu werden
... Körperhalluzinationen
... komplexe Empfindungen und bizarre Bewegungsabläufe
... Dämmerzustände
... Amnesien in Verbindung mit Bewußtseinsstörungen
... Rückzug von sozialen Kontakten
... emotionale Labilität
... Kombination von Abhängigkeit mit exhibitionistischen Zügen
... Pseudo-Hypersexualität und Sexualhemmungen
... kindische Anklammerungstendenzen
... Überidentifizierung mit gefühlshaften Siten der Phantasie
... Bedürfnis, geliebt zu werden
... chronische Tendenz, sich in wesentlich ältere zu verlieben
... Störungen des Selbstwertgefühls
... Störungen der Objektbeziehungen
... zutiefst mißtrauisch
... Fehlen von Anzeichen der Selbst-Identität
... depressive Einsamkeit

Aus: Natan Schwartz-Salant / Die Borderline-Persönlichkeit
Vom Leben im Zwischenreich

Zum Beispiel können zwei Menschen, die oberflächlich überhaupt keinen Kontakt miteinander zu haben scheinen, im Unbewußten tief miteinander verschmolzen sein. Die Behandlung von Borderline-Persönlichkeitsstörungen wird von den Extremen dieser Zustände, von Verschmelzung und seelenloser Distanz dominiert.

Die Borderline-Persönlichkeit ist in ein Drama verstrickt, in dem sie endlose und doch vergebliche Versuche machen muß, mit anderen Menschen in Beziehung zu treten.
Die Borderline-Persönlichkeit ist oft aufrichtiger als ein „normaler" Mensch, doch diese Aufrichtigkeit führt oft zum Erleben unerträglicher Schmerzen.

Die Enthüllung des Selbst wird zwar mit seelischem Tod gleichgesetzt, seine Verheimlichung aber mit betrügerischem Verhalten. Die Borderline-Persönlichkeit lebt zwischen diesen Welten, sie nimmt an beiden teil, gehört aber zu keiner.

## Kurzbiografie des Autors

Gerhard Mell, geb. 1955 in Spangenberg/Hessen, arbeitete als Pfleger in Altenheimen, einem Reha-Zentrum für Contergan-Opfer, in der geschlossenen Abteilung für Kinderpsychiatrie, war Trödler, Tramp, Wein- und Falafelhändler, Kneipier, Arbeiter in einer Brot- und einer Klopapierfabrik, ist schwerbehinderter Erwerbsunfähigkeitsrentner und arbeitet hauptsächlich als Autodidakt in eigener Sache, der Borderline-Kunst. Veröffentlichungen in zahlreichen in- und ausländischen Literaturzeitschriften und Anthologien.